## cocina rápida y fácil
# tailandesa

Estilo DONNA HAY
Fotografía WILLIAM MEPPEM

## TRIDENT PRESS
### INTERNATIONAL

# Introducción

*El cilantro fresco, los chiles, el ajo, el coco, la salsa de pescado y los sabores cítricos son los seis ingredientes que identifican la cocina tailandesa. Estos productos se combinan para crear un estilo de comida que tiene los sutiles y complejos sabores que por lo general se asocian con el arte culinario oriental, pero que es intensa y definitivamente tailandesa. Es una cocina concebida para que la disfruten todos, incluso el cocinero; todo lo que compone el menú se coloca sobre la mesa al mismo tiempo y mientras el arroz esté bien caliente no importa si los otros platillos no lo están.*

*En lugar de seguir las recetas tailandesas estrictamente auténticas, las de este libro están basadas en recetas tradicionales y técnicas de cocina que reflejan un estilo y un tipo de cocina que atraerá al cocinero moderno.*

Publicado por:
TRIDENT PRESS INTERNATIONAL
801 12th Avenue South, Suite 400
Naples, Fl 34102 USA
Tel: + 1 239 649 7077
Fax: + 1 239 649 5832
Email: tridentpress@worldnet.att.net
Sitio web: www.trident-international.com

cocina rápida y fácil
tailandesa

EDITORIAL
Gerente de edición: Rachel Blackmore
Asistente editorial y de producción: Heather Straton
Coordinadora editorial: Margaret Kelly
Fotografía: William Meppem
Estilo y comida: Donna Hay
Asistente de estilo y realización de recetas: Angela Nahas

DISEÑO Y PRODUCCIÓN
Dirección de producción: Anna Maguire
Gerente de diseño: Drew Buckmaster
Coordinación de producción: Meredith Johnston
y Sophie Potter
Armado y diseño: Lulu Dougherty
Editor de producción: Sheridan Packer

TRADUCCIÓN AL ESPAÑOL
Coordinación general: Isabel Toyos y Silvia Portorrico
Traducción: Graciela Jáuregui Lorda
Adaptación de diseño: Mikonos, Comunicación Gráfica
Corrección y estilo: Aurora Giribaldi y Marisa Corgatelli

Incluye índice
ISBN 1 58279 438 0
EAN 9 781582 794389

Edición impresa en 2002

Impreso en USA

## NOTAS DE COCINA

**Albahaca:** en este libro no está especificado el tipo de albahaca. Por lo general se puede utilizar la albahaca dulce; sin embargo, el cocinero tailandés utiliza la dulce asiática o la variedad alimonada, según el platillo. Para más información, ver el glosario de la página 78.

**Alimentos en lata:** el tamaño de las latas varía según los países y las marcas. Puede ocurrir que las cantidades citadas en este libro difieran ligeramente de las de aquellas que usted consiga. Compre y use latas del tamaño más cercano al que se sugiere en la receta.

**Crema:** salvo que se especifique lo contrario, en este libro se usa crema doble, apta para batir.

**Harina:** la harina que se utiliza en este libro es la blanca o común; si se emplea algún otro tipo está claramente indicado.

**Arroz:** en una auténtica comida tailandesa se sirve arroz al jazmín extremadamente caliente, cocido al vapor sin sal. En Tailandia el arroz es el plato principal de todas las comidas; los otros platillos se consideran guarniciones.

**Tamaño de las porciones:** en este libro el tamaño de las porciones se calculó con criterio occidental. Para una comida al estilo tailandés las recetas rendirán 2-4 veces más de lo que se indica.

**Chalotes:** los chalotes que se utilizan en este libro son pequeñas cebollas doradas, púrpuras o rojas. Miden 2,5-5 cm/1-2 in de largo y tienen un sabor más intenso que las cebollas grandes. Los chalotes dorados son más dulces que los púrpuras o los rojos. Para más información, ver el glosario de la página 80.

**Azúcar:** si no hay otra indicación específica, el azúcar que se usa en este libro es blanca.

En el glosario de la página 78 se pueden encontrar más datos sobre los ingredientes utilizados en este libro.

### ¿Cuánto mide una cucharada?

Las recetas de este libro fueron probadas con cucharas de 20 ml. Todas las medidas son al ras. En países donde son más comunes las cucharas de 15 ml, la diferencia será irrelevante en la mayoría de las recetas. En las que llevan polvo para hornear, gelatina, bicarbonato de sodio o pequeñas cantidades de harina o almidón de maíz, conviene añadir una cucharadita a cada una de las cucharadas que se indiquen.

# Contenido

# BOCADILLOS Y ENTRADAS

# SATAY DE POLLO

500 g/1 lb de pechugas de pollo deshuesadas,
cortadas en tiras de 1 cm/¹/₂ in de ancho
2 dientes de ajo, machacados
1 cucharada de jengibre fresco,
finamente rallado
1 cucharadita de coriandro molido
3 cucharadas de salsa de soja liviana

### SALSA SATAY

6 chalotes rojos o 1 cebolla roja pequeña
2 chiles rojos frescos, groseramente picados
1 diente de ajo, machacado
¹/₂ cucharadita de pasta de camarones
(opcional)
1 cucharada de aceite
¹/₂ taza/125 ml/4 fl oz de leche de coco
2 cucharadas de salsa de soja liviana
1 cucharada de jugo de lima
90 g/3 oz de cacahuates tostados picados

1   Ensartar los trozos de pollo en brochetas
de bambú ligeramente aceitadas y ubicarlas
en un recipiente de vidrio o cerámica poco
profundo. Mezclar el ajo, el jengibre, el
coriandro y la salsa de soja y verter sobre las
brochetas. Cubrir y marinar en el refrigerador
30 minutos.

2   Para preparar la salsa, colocar
en una procesadora o licuadora los chalotes
o la cebolla, los chiles, el ajo y la pasta
de camarones (si se utiliza) y procesar hasta
obtener una mezcla homogénea. Calentar
el aceite en un wok o sartén a fuego fuerte,
agregar la mezcla y cocinar revolviendo
durante 3 minutos o hasta que esté dorada.
Agregar la leche de coco, la salsa de soja, el
jugo de lima y los cacahuates, revolver
y cocinar hasta calentar. Si la salsa resulta
demasiado espesa agregar un poco de agua.

3   Escurrir las brochetas y cocinarlas
en el grill o en una parrilla bien caliente
2 minutos de cada lado o hasta que
estén a punto. Servir con la salsa.

**Satay de carne de res:** utilizar carne de res
tierna en lugar del pollo.
**Satay de cerdo:** reemplazar el pollo por
carne de cerdo magra.

*12 unidades*

*Páginas anteriores: Satay de carne
de res, Satay de pollo,
Satay de cerdo, Rollos de
verduras con hierbas*

Una miniprocesadora
o un mixer son ideales
para preparar la pasta
de curry. La procesadora
común suele resultar
demasiado grande para
pequeñas cantidades
de ingredientes. Como
alternativa, puede usar un
mortero (éste es el método
tradicional de Tailandia).

# ROLLOS DE VERDURAS CON HIERBAS

12 discos de papel de arroz oriental
salsa de chile dulce

### RELLENO DE VERDURAS CON HIERBAS

2 pepinos, sin semillas y cortados
en tiras de 5 cm/2 in
2 zanahorias, cortadas en tiras de 5 cm/2 in
60 g/2 oz de brotes de soja
60 g/2 oz de fideos vermicelli de arroz,
cocidos y bien escurridos
30 g/1 oz de hojas de menta
30 g/1 oz de hojas de albahaca fresca
15 g/¹/₂ oz de hojas de cilantro fresco
4 cucharadas de cacahuates tostados picados
12 cebollines chinos con flor (opcional)

*12 porciones*

1   Pasar por agua fría los discos de papel de
arroz y apoyarlos sobre un paño limpio para
absorber el exceso de humedad.

2   Para armar, distribuir un poco de pepino,
zanahoria, brotes de soja, fideos, menta,
albahaca, cilantro y cacahuates formando
una franja en el centro de cada disco
y dejando libres 2 cm/³/₄ in del borde.
Colocar un cebollín (si se usa) de manera
que la flor asome por el borde.

3   Para enrollar, doblar un costado del papel
de arroz sobre el relleno y luego enrollar para
encerrarlo. Repetir con el resto de los discos,
relleno y cebollines. Servir de inmediato con
salsa de chile para mojar.

Es tradicional que la flor
del cebollín chino asome
por el extremo abierto
del rollo, como adorno.
El papel de arroz oriental,
imprescindible para
bocadillos delicados
como éstos, se elabora
con una pasta de arroz
molido y agua, prensada
en forma de discos
y secada. Cuando
se humedece, las láminas
rígidas se tornan flexibles.
Se vende, en envases
herméticos, en tiendas
de comestibles orientales.

# FIDEOS CRUJIENTES
# CON PICKLES DE LIMA

220 g/7 oz de fideos celofán
6 chiles rojos pequeños, frescos,
cortados en tajadas finas
4 chalotes rojos o dorados, finamente picados
30 g/1 oz de hojas de cilantro fresco, picadas
30 g/1 oz de hojas de albahaca fresca picadas
1 cucharada de pasta de camarones asados
(opcional)
$^1/_4$ taza/60 ml/2 fl oz de aceite de cacahuate

PICKLES DE LIMA

4 limas, cortadas en rodajas
6 chalotes rojos o dorados, cortados en tajadas
1 cucharada de sal
$^1/_2$ taza/125 ml/4 fl oz de agua
$^1/_2$ taza/90 g/3 oz de azúcar morena
$^1/_4$ taza/60 ml/2 fl oz de vinagre
1 cucharada de salsa de pescado
tailandesa (nam pla)
1 cucharada de mostaza negra en grano

1　Para preparar los pickles, colocar en una
cacerola las limas, los chalotes, la sal y el agua
y cocinar a fuego mediano, revolviendo
ocasionalmente, 10-15 minutos o hasta que
las limas estén tiernas. Agregar el azúcar,
el vinagre, la salsa de pescado y la mostaza
y hervir a fuego lento, revolviendo
con frecuencia, 30 minutos o hasta que
la preparación espese. Servir de inmediato,
o colocar en un frasco esterilizado, cerrar
herméticamente y guardar en el refrigerador.

2　Colocar los fideos en un recipiente,
cubrirlos con agua hirviente y dejarlos en
remojo 10 minutos o hasta que estén tiernos.
Escurrir bien. Agregar los chiles, los chalotes,
el cilantro, la albahaca y la pasta de
camarones (si se usa) y mezclar.

3 Calentar el aceite en una sartén grande
a fuego mediano, colocar puñados pequeños
de la mezcla de fideos y con una espátula
darles forma redonda y aplanada. Cocinar
3-4 minutos de cada lado o hasta que estén
dorados y crujientes. Escurrir sobre papel
absorbente y servir con los pickles.

*6 porciones*

Controle que la
preparación de los
pickles no se pegue
en el fondo de la cacerola.
Resulta práctico hacerlos
con anticipación y tenerlos
listos en el refrigerador,
o envasarlos en frascos
esterilizados si se van
a conservar por más
de 2 semanas.

*Fideos crujientes con pickles de lima*

# BOLITAS DE CANGREJO Y CERDO AL VAPOR

12 hojas de espinaca

## RELLENO DE CANGREJO Y CERDO

315 g/10 oz de carne de cerdo molida
185 g/6 oz de cangrejo en lata, escurrido
1 tallo de hierba limón, finamente picado,
o ¹/₂ cucharadita de hierba limón seca,
hidratada en agua caliente
1 cucharada de galanga fresca o envasada
o jengibre fresco, rallados gruesos
3 cucharadas de cilantro fresco picado
(hojas y tallos)
4 hojas de lima kaffir, finamente picadas
1 diente de ajo, machacado
1 cucharada de coriandro molido
1 cucharada de comino molido
1 clara, ligeramente batida
1 cucharada de salsa de pescado tailandesa
(nam pla)

## SALSA DE CHILE DULCE

1 taza/170 g/5 ¹/₂ oz de azúcar de palma
o morena
1 tallo de hierba limón fresca, machacado,
o ¹/₂ cucharadita de hierba limón seca,
hidratada en agua caliente
1 trozo de 5 cm/2 in de galanga o jengibre
frescos, cortado por el medio, o 6 tajadas
de galanga envasada
4 chiles rojos pequeños, frescos,
finamente picados
¹/₂ taza/125 ml/4 fl oz de agua
cáscara finamente rallada y jugo de 2 limas
2 cucharadas de salsa de pescado tailandesa
(nam pla)

La galanga pertenece a la familia del jengibre; en la cocina tailandesa se emplea más que éste, mientras que en otras cocinas asiáticas se invierten las preferencias. Se puede comprar fresca o envasada en salmuera. La galanga envasada es más tierna y menos fibrosa que la fresca, y por eso resulta más fácil de usar; además, se conserva durante meses si se guarda en el refrigerador. Si no se consigue se puede reemplazar por jengibre fresco, pero el platillo tendrá un sabor diferente.

1 Para preparar el relleno, colocar en una procesadora el cerdo, el cangrejo, la hierba limón, la galanga o jengibre, el cilantro, la lima kaffir, el ajo, el coriandro, el comino, la clara y la salsa de pescado y procesar hasta obtener una mezcla homogénea.

2 Cocinar al vapor o en microondas las hojas de espinaca hasta que estén tiernas. Formar bolitas con 2 cucharadas de relleno y colocar una en el centro de cada hoja de espinaca. Encerrar el relleno con la hoja.

3 Llenar un wok hasta la mitad con agua caliente y llevar a hervor. Colocar las bolitas en una vaporera de bambú tapizada con papel antiadherente. Cubrir la vaporera, apoyarla sobre una rejilla ubicada en el wok y cocinar 10-12 minutos o hasta que estén cocidas.

4 Para preparar la salsa, colocar en una cacerola el azúcar, la hierba limón, la galanga o jengibre, los chiles, el agua, la cáscara y el jugo de lima y la salsa de pescado y cocinar, revolviendo sobre fuego mediano, 10 minutos o hasta que la salsa se reduzca un poco. Retirar y descartar la hierba limón y la galanga o jengibre. Servir la salsa con las bolitas.

*12 unidades*

*Bolitas de cangrejo y cerdo al vapor,*
*Bocadillos de arroz con cangrejo y lima*

# BOCADILLOS DE ARROZ CON CANGREJO Y LIMA

2 tazas/440 g/14 oz de arroz jazmín, cocido
30 g/1 oz de hojas de cilantro fresco, picadas
granos de pimienta negra machacados
aceite para freír

### ADEREZO DE CANGREJO

185 g/6 oz de cangrejo en lata, bien escurrida
2 chiles rojos frescos, sin semillas y picados
2 chiles verdes pequeños, frescos, en tajadas finas
$^1/_4$ taza/60 ml/2 fl oz de crema de coco
2 cucharadas de yogur natural cremoso
3 cucharaditas de jugo de lima
3 cucharaditas de salsa de pescado tailandesa
(nam pla)
3 cucharaditas de cáscara de lima
finamente rallada
1 cucharada de granos de pimienta
negra machacados

*24 unidades*

1   Mezclar el arroz con el cilantro
y pimienta negra a gusto, colocar en
una placa aceitada de 18 x 28 cm/7 x 11 in,
presionar y refrigerar. Luego cortar en
rectángulos de 3 x 4 cm/1 $^1/_4$ x 1 $^1/_2$ in.

2   Calentar el aceite en una cacerola grande
hasta que un cubo de pan se dore en
50 segundos. Cocinar los bocadillos de arroz,
de a pocos por vez, 3 minutos o hasta que
se doren. Escurrir sobre un papel absorbente.

3   Para preparar el aderezo, colocar en
una procesadora el cangrejo, los chiles rojos
y verdes, la crema de coco, el yogur, el jugo
de lima y la salsa de pescado y procesar
hasta obtener una mezcla homogénea.
Agregar, mientras se revuelve, la cáscara
de lima y la pimienta negra. Servir con los
bocadillos tibios.

La leche de coco y la
crema de coco son,
esencialmente, el mismo
producto. La crema se
obtiene de la primera
prensada de la pulpa del
coco y es mucho más
espesa que la leche,
que proviene de prensadas
posteriores. Ambas
se pueden comprar en
distintas presentaciones
o pueden elaborarse
en casa. Para más
información, vea el glosario
en la página 78.

# MEJILLONES CON TAMARINDO

1 kg/2 lb de mejillones, cepillados
y sin las barbas
2 tallos de hierba limón fresca, machacados,
o 1 cucharadita de hierba limón seca,
hidratada en agua caliente
8 hojas de lima kaffir, en trozos
1 trozo de 5 cm/2 in de jengibre fresco
3 plantas de coriandro enteras, las raíces
y las hojas picadas por separado
$^{1}/_{2}$ taza/125 ml/4 fl oz de agua
$^{1}/_{2}$ taza/30 g/1 oz de pan seco molido

## ADEREZO DE TAMARINDO Y CHILES

1-2 chiles rojos pequeños, secos,
finamente picados
2 cucharaditas de azúcar
2 cucharaditas de cáscara de lima,
finamente rallada
2 cucharaditas de pasta de camarones
(opcional)
2 cucharadas de tamarindo concentrado
1 cucharada de salsa de pescado tailandesa
(nam pla)

La pasta de camarones es un producto pungente que se elabora machacando camarones secos salados y está disponible en tiendas de comestibles orientales y en algunos supermercados. No se deje amilanar por su olor, ya que éste desaparece cuando la pasta se cocina con otros ingredientes.

1   Colocar los mejillones, la hierba limón, la lima kaffir, el jengibre, las raíces de coriandro y el agua en una cacerola, tapar y llevar a hervor. Bajar la llama y cocinar 4-5 minutos o hasta que los mejillones se abran. Retirar del fuego y descartar los mejillones que no se hayan abierto.

2   Escurrir los mejillones y reservar 2 cucharadas del líquido de cocción. Separar las dos valvas de cada mejillón, ubicar sobre una placa las que tengan adherido el molusco y descartar las otras.

3   Para preparar el aderezo, colocar en un recipiente los chiles, el azúcar, la cáscara de lima, la pasta de camarones (si se usa), el tamarindo, la salsa de pescado y el líquido de cocción reservado y batir para mezclar.

4   Rociar los mejillones con parte del aderezo. Mezclar el pan molido con las hojas de las plantas de coriandro, esparcir sobre los mejillones y cocinar en el grill bien caliente 1-2 minutos o hasta que se dore la superficie. Servir con el aderezo restante.

*6 porciones*

*Mejillones con tamarindo*

# BOCADILLOS DE PESCADO CON ADEREZO DE PEPINO

500 g/1 lb de filetes de pescado sin espinas
3 cucharadas de curry rojo tailandés en pasta
2 cucharadas de hojas de cilantro
fresco, picadas
1 cucharada de hojas de albahaca fresca
1 clara
90 g/3 oz de ejotes, finamente picados
2 hojas de lima kaffir, cortadas en hebras
(opcional)
aceite para freír

### ADEREZO DE PEPINO
1 pepino, sin semillas y picado
1 chile rojo fresco, picado
1 cucharada de azúcar
2 cucharadas de vinagre de arroz
1 cucharada de agua
1 cucharada de cacahuates tostados picados
(opcional)

**1**  Colocar en una procesadora el pescado, el curry, el cilantro, la albahaca y la clara y procesar hasta formar una pasta espesa. Pasarla a un recipiente, agregar los ejotes y la lima kaffir (si se usa) y mezclar. Cubrir y llevar al refrigerador 1 hora.

**2**  Para preparar el aderezo, colocar en un recipiente el pepino, el chile, el azúcar, el vinagre, el agua y los cacahuates (si se usan) y mezclar. Cubrir y refrigerar hasta el momento de servir.

**3**  Con las manos humedecidas o ligeramente aceitadas tomar 2 cucharadas de la mezcla de pescado, darle forma esférica y aplanarla. Repetir con la mezcla restante.

**4**  Calentar 2,5 cm/1 in de aceite en una sartén a fuego fuerte y cocinar los bocadillos de pescado, de a pocos por vez, 2 minutos de cada lado o hasta que estén bien dorados. Escurrir sobre papel absorbente y servir calientes, con el aderezo.

*12-14 unidades*

El vinagre de arroz se obtiene a partir de arroz fermentado y, por lo general, es más suave que los vinagres occidentales. Si no lo consigue puede reemplazarlo por vinagre blanco o de sidra.

*Bocadillos de pescado con aderezo de pepino*

# ARROLLADITOS PRIMAVERA DE CERDO

24 cuadrados de 12,5 cm/5 in de masa para
arrolladitos primavera
aceite para freír
salsa de chile dulce

### RELLENO DE CERDO Y CILANTRO

2 cucharaditas de aceite de cacahuate
3 chalotes rojos o dorados, picados
2 cucharaditas de jengibre
fresco finamente picado
1 chile rojo fresco, sin semillas y picado
500 g/1 lb de carne de cerdo molida
2 cucharadas de hojas de cilantro fresco
2 cucharadas de kechap manis

1   Para preparar el relleno, calentar el aceite de cacahuate en una sartén a fuego fuerte, agregar los chalotes, el jengibre y el chile y saltear 2 minutos. Incorporar el cerdo y saltear 4-5 minutos o hasta que esté dorado. Agregar el cilantro y el kechap manis, revolver y cocinar 2 minutos más. Retirar del fuego y dejar enfriar.

2   Para armar, colocar 2 cucharadas del relleno en el centro de cada cuadrado de masa, doblar una esquina sobre el relleno, plegar hacia adentro los lados, enrollar y sellar con agua.

3   Calentar abundante aceite en una cacerola grande, hasta que un cubo de pan se tueste en 50 segundos, y cocinar los arrolladitos 3-4 minutos o hasta que estén dorados y crujientes. Escurrir sobre papel absorbente y servir con salsa de chile para mojar.

*24 unidades*

Cuando trabaje con hojas de masa para arrolladitos primavera o wontons, cúbralas con un paño húmedo para evitar que se resequen. El kechap manis es una salsa dulce y espesa que se usa como condimento. Se elabora con salsa de soja, azúcar y especias. Si no la encuentra, recurra a una mezcla de salsa de soja y jarabe de maíz para sustituirla.

# HOJALDRINAS DE CARNE AL CURRY

625 g/1 ¹/₄ lb de masa de hojaldre preparada
aceite para freír
salsa de chile dulce

### RELLENO DE CARNE ESPECIADO

2 cucharaditas de aceite
4 chalotes rojos o dorados, picados
1 cucharada de curry suave en pasta
2 cucharaditas de comino molido
500 g/1 lb de carne de res molida
2 cucharadas de hojas de cilantro
fresco, picadas

1   Para preparar el relleno, calentar el aceite en una cacerola a fuego fuerte, agregar los chalotes, el curry y el comino y saltear 2 minutos. Añadir la carne y saltear 5 minutos más o hasta que esté dorada. Retirar del fuego, mezclar con el cilantro y dejar enfriar.

2   Estirar la masa hasta dejarla de 3 mm/¹/₈ in de espesor y cortar cuadrados de 10cm/4 in. Con una punta del cuadrado hacia su lado, colocar 2-3 cucharadas de relleno en el centro, mojar ligeramente los bordes con agua y enrollar hacia el lado opuesto. Repetir con la masa y el relleno restantes.

3   Calentar abundante aceite en una cacerola grande hasta que un cubo de pan se dore en 50 segundos y cocinar las hojaldrinas hasta que estén doradas e infladas. Escurrir sobre papel absorbente y servir con salsa de chile.

*24 unidades*

Si prefiere hornear las hojaldrinas en lugar de freírlas, dispóngalas sobre placas ligeramente aceitadas, pincélelas con un poco de leche y cocínelas a 220ºC/425ºF/Gas 7 durante 10-15 minutos o hasta que la masa esté dorada e inflada.

*Hojaldrinas de carne al curry,*
*Arrolladitos primavera de cerdo*

# SOPAS

*Páginas anteriores: Sopa
agripicante de camarones,
Sopa de pollo y coco*

# SOPA AGRIPICANTE DE CAMARONES

1 kg/2 lb de camarones crudos
1 cucharada de aceite
8 tajadas de galanga fresca o envasada
o jengibre fresco
8 hojas de lima kaffir
2 tallos de hierba limón fresca, machacados, o
1 cucharadita de hierba limón seca, hidratada
en agua caliente
2 chiles rojos frescos, en mitades
y sin semillas
8 tazas/2 litros/3 ¹/₂ pt de agua
3 cucharadas de hojas de cilantro fresco
1 chile rojo fresco, picado
2 cucharadas de jugo de lima
hojas de lima kaffir cortadas en hebras

1   Limpiar y desvenar los camarones.
Reservar los caparazones y las cabezas.
Calentar el aceite en una cacerola grande
a fuego fuerte, incorporar los caparazones
y las cabezas y cocinar, revolviendo, 5 minutos
o hasta que los caparazones cambien de color.
Agregar la galanga o jengibre, la lima kaffir, la
hierba limón, las mitades de chiles y el agua,
tapar y dejar que hierva. Hervir 15 minutos,
revolviendo ocasionalmente.

2   Colar el líquido en una cacerola limpia
y descartar los sólidos. Añadir los camarones y
cocinar 2 minutos. Agregar el cilantro, el chile
picado y el jugo de lima y cocinar 1 minuto o
hasta que los camarones estén tiernos. Servir
en tazones y adornar con la lima kaffir.

*4 porciones*

Ésta es la popular sopa
tailandesa conocida como
tom yum goong. Las sopas
son un platillo importante
y se sirven en casi todas
las comidas tailandesas,
incluyendo el desayuno,
que a menudo comienza
con una sopa blanda
de arroz.

# SOPA DE POLLO Y COCO

3 tazas/750 ml/1 ¹/₄ pt de leche de coco
2 tazas/500 ml/16 fl oz de agua
500 g/1 lb de pechugas de pollo, cortadas
en tiras de 1 cm/¹/₂ in de espesor
1 trozo de 4 cm/1 ¹/₂ in de galanga o jengibre
frescos, en tajadas, o 6 tajadas
de galanga envasada
2 tallos de hierba limón fresca, cortados
en trozos de 4 cm/1 ¹/₂ in, o 1 cucharadita de
hierba limón seca, hidratada en agua caliente
1 raíz de coriandro fresco, machacada
4 hojas de lima kaffir, cortadas en hebras
3 chiles rojos frescos, sin semillas y picados
2 cucharadas de salsa de pescado tailandesa
(nam pla)
2 cucharadas de jugo de limón
hojas de cilantro fresco

1   Colocar la leche de coco y el agua en una
cacerola y llevar a hervor a fuego mediano.
Incorporar el pollo, la galanga o jengibre,
la hierba limón, la raíz de coriandro y la lima
kaffir y cocinar 6 minutos a fuego lento.

2   Agregar los chiles, la salsa de pescado
y el jugo de limón y revolver para integrar.
Servir en cuencos individuales y terminar
con hojas de cilantro.

*6 porciones*

Esta sopa popular
tailandesa se conoce
como tom kha gal. En una
comida al estilo tradicional
tailandés las sopas no
se sirven como un plato
separado, sino junto con
los otros platillos y el arroz.

*Sopa agripicante de mariscos*

# SOPA AGRIPICANTE DE MARISCOS

4 chalotes rojos o dorados, cortados en tajadas

2 chiles verdes frescos, picados

6 hojas de lima kaffir

4 tajadas de jengibre fresco

8 tazas/2 litros/3 ¹/₂ pt de caldo de pescado, pollo o verduras

250 g/8 oz de filetes de pescado firmes, cortados en trozos gruesos

12 camarones medianos crudos, pelados y desvenados

12 mejillones, cepillados y sin las barbas

125 g/4 oz de hongos ostra o abalones

3 cucharadas de jugo de lima

2 cucharadas de salsa de pescado tailandesa (nam pla)

hojas de cilantro fresco

gajos de lima

1   Colocar en una cacerola los chalotes, los chiles, la lima kaffir, el jengibre y el caldo y llevar a hervor. Bajar el fuego y cocinar 3 minutos.

2   Añadir el pescado, los camarones, los mejillones y los hongos y cocinar 3-5 minutos o hasta que el pescado y los mariscos estén cocidos; descartar los mejillones que no se abran. Agregar, mientras se revuelve, el jugo de lima y la salsa de pescado. Distribuir la sopa en cuencos, adornar con hojas de cilantro y acompañar con gajos de lima.

*6 porciones*

Los hongos ostra o abalones son unos de los más apreciados en la cocina asiática; en Occidente son fáciles de conseguir en latas. Su color varía desde el blanco hasta el gris o el rosado pálido, su forma es parecida a la de una conchilla y tienen un sabor delicado. No deben comerse crudos, ya que en ese estado pueden provocar reacciones alérgicas en algunas personas.

# Sopa tailandesa de verduras

1 cuchara de aceite de chile
4 chalotes rojos o dorados, picados
3 tallos de hierba limón fresca, cortados
en trozos, o 1 ¹/₂ cucharadita de hierba limón
seca, hidratada en agua caliente
4 tajadas de galanga fresca o envasada
o jengibre fresco
8 tazas/2 litros/3 ¹/₂ pt de caldo de verduras
250 g/8 oz de tofu firme, en cubos
125 g/4 oz de hongos ostra
125 g/4 oz de ejotes cordón, picados
30 g/1 oz de brotes de soja
1 taza/250 ml/8 fl oz de leche de coco
2 cucharadas de hojas de albahaca fresca
3 cucharadas de cacahuates finamente picados

Como su nombre lo sugiere, los ejotes cordón son muy largos y finos. Se los conoce por muchos otros nombres, como ejotes espárrago, soga, hilo, serpiente, de una yarda o ejotes chinos. Sus semillas secas son los frijoles cauí, también llamados ojo negro o legumbres chinas.

1  Calentar el aceite en una cacerola a fuego fuerte, añadir los chalotes y la hierba limón y cocinar, revolviendo, 3 minutos. Agregar la galanga o jengibre y el caldo, revolver, bajar la llama y cocinar a fuego lento 5 minutos.

2  Incorporar el tofu, los hongos, los ejotes, los brotes de soja y la leche de coco y cocinar 4 minutos o hasta que los ejotes estén tiernos y la sopa caliente. Para servir, colocar en recipientes individuales y espolvorear con la albahaca y los cacahuates.

*6 porciones*

# Sopa de kumara con chile

6 tazas/1,5 litro/2 ¹/₂ pt de caldo de pollo
3 tallos de hierba limón fresca, machacados,
o 1 ¹/₂ cucharadita de hierba limón seca,
hidratada en agua caliente
3 chiles rojos frescos, en mitades
10 tajadas de galanga fresca o envasada
o jengibre fresco
5-6 plantas de coriandro enteras,
separadas las raíces y las hojas
1 kumara (camote anaranjado) grande, pelado
y cortado en trozos de 2 cm/³/₄ in
³/₄ taza/185 ml/6 fl oz de crema de coco
1 cucharada de salsa de pescado tailandesa
(nam pla)

El coriandro es uno de los ingredientes que otorgan a la comida tailandesa su sabor particular. Sus raíces se emplean tanto frescas como secas y molidas; también se usan sus hojas frescas, que reciben el nombre de cilantro. Las plantas enteras se pueden conseguir en verdulerías.

1  Colocar en una cacerola el caldo, la hierba limón, los chiles, la galanga o jengibre y las raíces de coriandro y llevar a hervor a fuego mediano. Agregar el kumara y cocinar a fuego lento, sin tapar, 15 minutos o hasta que el kumara esté tierno.

2  Descartar la hierba limón, la galanga o jengibre y las raíces de coriandro. Dejar enfriar un poco el contenido de la cacerola, colocarlo por tandas en una procesadora o licuadora y procesar hasta lograr una textura lisa. Pasar la sopa a una cacerola limpia y agregar, revolviendo, ¹/₂ taza/125 ml/4 fl oz de crema de coco y la salsa de pescado. Llevar sobre fuego mediano y revolver 4 minutos o hasta que se caliente. Mezclar con dos tercios de las hojas de las plantas de coriandro.

3  Para servir colocar en recipientes individuales, decorar con el resto de la crema de coco y las hojas de cilantro restantes.

*4 porciones*

*Sopa tailandesa de verduras,*
*Sopa de kumara con chile*

# ENSALADAS

# ENSALADA DE POLLO CON ALBAHACA

En Tailandia, las ensaladas se preparan con hojas de muchos arbustos y árboles silvestres, que crecen a la vera de los caminos y en las riberas de ríos y canales. Esto hace que sea difícil reproducir en otros países una auténtica ensalada tailandesa. Sin embargo, la cocina occidental está dispuesta a experimentar con diferentes verduras y hierbas para lograr sabrosas e interesantes combinaciones.

2 cucharaditas de aceite
4 pechugas de pollo
125 g/4 oz de hojas de lechugas surtidas
30 g/1 oz de hojas de menta fresca
30 g/1 oz de hojas de albahaca fresca

### ADEREZO DE ALBAHACA Y CHILE

2 cucharadas de azúcar
2 cucharadas de albahaca fresca cortada en hebras
1 chile rojo fresco, cortado en tajadas
3 cucharadas de jugo de lima
2 cucharadas de salsa de soja liviana
2 cucharaditas de salsa de pescado tailandesa (nam pla)

**1** Calentar el aceite en un wok o sartén a fuego fuerte, agregar el pollo y cocinar 2-3 minutos o hasta que esté cocido. Dejar enfriar y cortar en tajadas.

**2** Acomodar las hojas de lechuga, de menta y de albahaca de manera atractiva en una bandeja y colocar el pollo encima.

**3** Para preparar el aderezo, colocar en un recipiente el azúcar, la albahaca, el chile, el jugo de lima y las salsas de soja y de pescado y mezclar para unir. Rociar la ensalada con el aderezo y servir de inmediato.

*4 porciones*

# ENSALADA DE MANGO VERDE

El azúcar de palma, rica y aromática, se extrae de la savia de varias palmeras. La que se utiliza en Tailandia es más liviana y refinada que la que se emplea en otras partes de Asia. Se vende en tiendas de comestibles orientales.
Si no encuentra mangos verdes, pruebe esta ensalada con manzanas verdes.

125 g/4 oz de hojas de lechuga surtidas
1 pepino, cortado en rodajas finas
2 mangos verdes (sin madurar), pelados y cortados en tajadas finas
250 g/8 oz de pollo cocido, desmenuzado
4 cucharadas de hojas de menta fresca
4 cucharadas de hojas de cilantro fresco

### ADEREZO DE LIMA Y CHILE

2 chiles rojos frescos, picados
2 cucharadas de azúcar de palma o morena
3 cucharadas de jugo de lima
2 cucharaditas de salsa de pescado tailandesa (nam pla)

**1** Acomodar en forma atractiva en una bandeja las lechugas, el pepino, los mangos, el pollo, la menta y el cilantro.

**2** Para preparar el aderezo, colocar en un recipiente los chiles, el azúcar, el jugo de lima y la salsa de pescado y mezclar. Rociar la ensalada con el aderezo y servir.

*4 porciones*

*Ensalada de pétalos de rosa*

# ENSALADA DE PÉTALOS DE ROSA

2 cucharadas de aceite
2 cebollas, cortadas en rodajas
4 dientes de ajo, cortados en láminas
8 hojas de lechuga
4 chalotes rojos o dorados, picados
250 g/8 oz de lomo de cerdo, cocido
y cortado en tajadas
185 g/6 oz de camarones cocidos,
pelados y desvenados
1 pechuga de pollo, cocida y cortada
en tajadas
30 g/1 oz de cacahuates tostados picados
20-30 pétalos de rosa fragante, lavados

### ADEREZO DE LIMA
1 cucharada de azúcar
4 cucharadas de salsa de pescado tailandesa
(nam pla)
4 cucharadas de jugo de lima

1   Calentar el aceite en una sartén a fuego
mediano, agregar las cebollas y el ajo
y cocinar 3 minutos o hasta que estén
dorados. Reservar.

2   Acomodar en una bandeja, de manera
atractiva, la lechuga, los chalotes, el cerdo,
los camarones, el pollo y los cacahuates.

3   Para preparar el aderezo, mezclar en un
recipiente el azúcar, la salsa de pescado y
el jugo de lima. Verter el aderezo sobre la
ensalada y esparcir la preparación de cebolla
y los pétalos de rosa. Servir de inmediato.

*4 porciones*

Cuando utilice pétalos de
rosa en la cocina verifique
que no hayan sido
rociados con insecticidas.

# Ensalada tailandesa de carne

500 g/1 lb de carne tierna de res, en un trozo
185 g/6 oz de hojas de lechugas surtidas
185 g/6 oz de jitomates cherry, en mitades
2 pepinos, pelados y picados
2 cebollas rojas, cortadas en tajadas
3 cucharadas de hojas de menta fresca

## ADEREZO DE CILANTRO Y LIMA

1 tallo de hierba limón fresca, picado,
o 1 cucharadita de cáscara
de limón finamente rallada
3 cucharadas de hojas de cilantro fresco
1 cucharada de azúcar morena
2 cucharadas de jugo de lima
3 cucharadas de salsa de soja liviana
2 cucharadas de salsa de chile dulce
2 cucharadas de salsa de pescado tailandesa
(nam pla)

En la cocina tailandesa la presentación tiene gran importancia, y una ensalada puede ser un espectacular centro de mesa. Es tradicional presentar las ensaladas en fuentes planas, no en cuencos, para que se puedan apreciar todos los detalles del arreglo de los ingredientes.

1   Calentar una sartén o plancha a fuego vivo, agregar la carne y cocinar 1-2 minutos de cada lado o hasta alcanzar el punto que se desee. Dejar enfriar.

2   Acomodar de manera atractiva en una fuente las lechugas, los jitomates, los pepinos, las cebollas y la menta.

3   Para preparar el aderezo, combinar dentro de un recipiente la hierba limón o la cáscara rallada, el cilantro, el azúcar, el jugo de lima y las salsas de soja, de chile y de pescado.

4   Cortar la carne en tajadas finas, disponerlas sobre la ensalada, rociar con el aderezo y servir.

*4 porciones*

# ENSALADA DE FIDEOS CELOFÁN

*Arriba: Ensalada de fideos celofán. Izquierda: Ensalada tailandesa de carne.*

155 g/5 oz de fideos celofán
2 cucharaditas de aceite de ajonjolí
2 dientes de ajo, machacados
1 cucharada de jengibre fresco
finamente rallado
500 g/1 lb de carne de cerdo molida
15 g/¹/₂ oz de hojas de menta
15 g/¹/₂ oz de hojas de cilantro fresco
8 hojas de lechuga
5 chalotes rojos o dorados, picados
1 chile rojo fresco, cortado en tajadas
2 cucharadas de jugo de limón
1 cucharada de salsa de soja liviana

1   Colocar los fideos en un recipiente y cubrirlos con agua hirviente. Dejar reposar 10 minutos y luego escurrir bien.

2   Calentar el aceite en una sartén a fuego fuerte, agregar el ajo y el jengibre y saltear 1 minuto. Incorporar el cerdo y saltear 5 minutos o hasta que esté dorado y bien cocido.

3   Acomodar en una bandeja la menta, el cilantro, la lechuga, los chalotes, el chile y los fideos. Cubrir con la mezcla de cerdo y rociar con el jugo de limón y la salsa de soja.

*4 porciones*

Los fideos celofán, también conocidos como fideos cristal o hilo de ejote, se elaboran con harina de soja y pueden ser redondos, como vermicelli muy delgados, o chatos, como fettuccine. Cuando están secos son muy duros y difíciles de romper. Para facilitar su uso lo mejor es comprar una marca que los envase en paquetes.

# ENSALADA DE PAPAYA Y CAMARONES

2 cucharaditas de aceite

2 cucharaditas de pasta de chile (sambal oelek)

2 tallos de hierba limón fresca, picados,
o 1 cucharadita de hierba limón seca,
hidratada en agua caliente

2 cucharadas de jengibre fresco, rallado grueso

500 g/1 lb de camarones crudos medianos,
pelados y desvenados

$^1/_2$ col china, cortada en fina juliana

4 chalotes rojos o dorados, picados

1 papaya, pelada y cortada en tajadas

60 g/2 oz de hojas de berro

60 g/2 oz de cacahuates tostados picados

30 g/1 oz de hojas de cilantro fresco

### ADEREZO DE LIMA Y COCO

1 cucharadita de azúcar morena

3 cucharadas de jugo de lima

2 cucharadas de salsa de pescado tailandesa
(nam pla)

1 cucharada de vinagre de coco

**1** Calentar el aceite en una sartén a fuego fuerte, agregar la pasta de chile (sambal oelek), la hierba limón y el jengibre y saltear 1 minuto. Incorporar los camarones y saltear 2 minutos o hasta que cambien de color y estén cocidos. Dejar enfriar.

**2** Acomodar en una fuente, de manera atractiva, la col, los chalotes, la papaya, el berro, los cacahuates, el cilantro y los camarones.

**3** Para preparar el aderezo, colocar en un recipiente el azúcar, el jugo de lima, la salsa de pescado y el vinagre e integrar. Rociar la ensalada y servir.

*4 porciones*

La col china, de hojas anchas y prietas, tiene un sabor delicado.

# ENSALADA DE CALAMARES ASADOS

1 cucharada de aceite de chile

1 cucharada de cáscara de limón,
finamente rallada

2 cucharaditas de pimienta negra en grano,
machacada

500 g/1 lb de tubos de calamares pequeños,
limpios

30 g/1 oz de hojas de albahaca fresca

30 g/1 lb de hojas de menta fresca

30 g/1 oz de hojas de cilantro fresco

### ADEREZO DE LIMÓN Y CHILE

1 chile verde fresco, picado

2 cucharadas de azúcar morena

3 cucharadas de jugo de limón

2 cucharadas de salsa de soja liviana

**1** En una fuente poco profunda mezclar el aceite, la cáscara de limón y los granos de pimienta. Agregar los calamares y marinar 30 minutos.

**2** Sobre una bandeja hacer un lecho con la albahaca, la menta y el cilantro. Cubrir con film y refrigerar hasta servir.

**3** Para preparar el aderezo, colocar en un recipiente el chile, el azúcar, el jugo de limón y la salsa de soja y mezclar.

**4** Precalentar una parrilla, plancha o sartén y cocinar los calamares 30 segundos de cada lado o hasta que estén tiernos (para evitar que resulten duros, cuidar que no se pasen de punto). Disponerlos sobre las hierbas y rociar con el aderezo.

*4 porciones*

Para limpiar los calamares, tire de los tentáculos y extraiga junto con ellos el estómago y la bolsa de tinta; corte para separar y descarte el estómago y la bolsa. Lave bien los tentáculos. Lave los tubos y quíteles la piel. Para esta receta, use los tubos enteros y, si lo desea, agregue los tentáculos en trozos pequeños.

# SALTEADOS

# POLLO CON JALEA DE CHILE

*Páginas anteriores: Pollo con jalea de chile, Carne con pimienta en grano*

2 cucharadas de aceite
3 pechugas o 4 muslos de pollo deshuesados,
cortados en tiras finas
4 chalotes rojos o dorados, picados
185 g/6 oz de brócoli, picado
125 g/4 oz de comelotodos, en mitades
60 g/2 oz de castañas de Cajú, tostadas sin sal
2 cucharadas de salsa de soja liviana

JALEA DE CHILE

2 cucharadas de aceite
4 chiles rojos frescos, cortados en tajadas
1 cucharada de jengibre fresco rallado grueso
1 cucharadita de pasta de camarones
¹/₃ taza/90 g/3 oz de azúcar
¹/₃ taza/90 ml/3 fl oz de agua
2 cucharadas de jugo de lima

Acompañe este sabroso platillo de pollo con arroz jazmín al vapor. Si lo prefiere, ofrezca la jalea de chile por separado, para que cada comensal se sirva a gusto.

1   Para preparar la jalea de chile, calentar el aceite en un wok a fuego mediano, agregar los chiles, el jengibre y la pasta de camarones y saltear 1 minuto o hasta dorar. Añadir, mientras se revuelve, el azúcar, el agua y el jugo de lima y cocinar 3 minutos o hasta que la mezcla espese. Retirar del wok y reservar.

2   En un wok limpio calentar el aceite 1 minuto, a fuego fuerte. Incorporar el pollo y los chalotes y saltear 3 minutos o hasta que el pollo esté ligeramente dorado.

3   Agregar el brócoli, los comelotodos, las castañas de Cajú y la salsa de soja y saltear 3 minutos más o hasta que las verduras cambien de color y estén cocidas.

4   Para servir, colocar el pollo en una bandeja y cubrir con la jalea de chiles.

*4 porciones*

# CARNE CON PIMIENTA EN GRANO

La pimienta en grano, ingrediente tradicional de la cocina tailandesa, era la que daba calor a los platillos antes de que los portugueses introdujeran los chiles. En este salteado picantito, la pimienta verde se combina con chiles y ambos ingredientes favoritos se lucen al máximo.

2 cucharadas de aceite
2 dientes de ajo, machacados
1 chile verde fresco, picado
500 g/1 lb de carne tierna de res,
cortada en tajadas
1 cucharada de pimienta verde en grano en
salmuera, escurrida y ligeramente machacada
1 pimiento verde, picado
3 cucharadas de hojas de cilantro fresco
¹/₃ taza/90 ml/3 fl oz de leche de coco
2 cucharaditas de salsa de pescado tailandesa
(nam pla)

1   Calentar el aceite en un wok a fuego fuerte. Agregar el ajo y el chile y cocinar 1 minuto. Añadir la carne y la pimienta en grano y saltear 3 minutos o hasta que la carne esté dorada.

2   Incorporar, mientras se revuelve, el pimiento verde, el cilantro, la leche de coco y la salsa de pescado y cocinar 2 minutos más.

*4 porciones*

*Camarones y ostiones con coco*

# CAMARONES Y OSTIONES CON COCO

1 kg/2 lb de camarones grandes crudos,
pelados y desvenados, con las colas intactas
3 claras, ligeramente batidas
90 g/3 oz de coco, en hebras
aceite para freír
1 cucharada de aceite de cacahuate
4 chiles rojos frescos, sin semillas
y cortados en tajadas
2 chiles verdes pequeños, frescos,
sin semillas y cortados en tajadas
2 dientes de ajo, machacados
1 cucharada de jengibre fresco rallado grueso
3 hojas de lima kaffir, cortadas en hebras
375 g/12 oz de ostiones
125 g/4 oz de hojas o brotes de comelotodos
2 cucharadas de azúcar de palma o morena
$^1/_4$ taza/60 ml/2 fl oz de jugo de lima
2 cucharadas de salsa de pescado tailandesa
(nam pla)

1   Sumergir los camarones en las claras
y luego cubrirlos con el coco. En una cacerola
grande calentar abundante aceite hasta que
un cubo de pan se dore en 50 segundos
y cocinar los camarones 2-3 minutos o hasta
que estén dorados y crujientes. Escurrir
sobre papel absorbente y mantener al calor.

2   En un wok calentar el aceite de cacahuate
a fuego fuerte, agregar los chiles rojos
y verdes, el ajo, el jengibre y la lima kaffir
y saltear 2-3 minutos.

3   Incorporar los ostiones al wok y saltear
3 minutos o hasta que estén opacos. Agregar
los camarones fritos, las hojas o brotes de
comelotodos, el azúcar, el jugo de lima
y la salsa de pescado y saltear 2 minutos
o hasta calentar.

*6 porciones*

Si no dispone de hojas
o brotes de comelotodos,
una buena alternativa
para este platillo es el berro.

33

# SALTEADO DE CERDO Y CALABAZA

2 cucharadas de curry rojo tailandés en pasta
2 cebollas, cortadas en rodajas finas
y separadas en aros
2 cucharaditas de aceite
500 g/1 lb de carne de cerdo magra,
cortada en tiras
500 g/1 lb de calabaza butternut, pelada
y cortada en cubos de 2 cm/³/₄ in
4 hojas de lima kaffir, cortadas en hebras
1 cucharada de azúcar de palma o morena
2 tazas/500 ml/16 fl oz de leche de coco
1 cucharada de salsa de pescado tailandesa
(nam pla)

1   Colocar el curry en un wok y revolver
sobre fuego fuerte 2 minutos o hasta que
esté fragante. Agregar las cebollas y cocinar
2 minutos más o hasta que estén tiernas.
Retirar del recipiente y reservar.

2   Calentar el aceite en el mismo wok,
añadir el cerdo y saltear 3 minutos o hasta
que esté dorado. Retirar del wok y reservar.

3   Agregar al recipiente la calabaza, la lima
kaffir, el azúcar, la leche de coco y la salsa
de pescado y cocinar 2 minutos a fuego lento.
Incorporar la preparación de curry, mezclar
y cocinar 5 minutos más fuego lento. Colocar
de nuevo el cerdo en el wok y cocinar
2 minutos o hasta que esté caliente.

*4 porciones*

En Tailandia se come con cucharas y tenedores. Igual que nosotros, los tailandeses utilizan palillos chinos sólo cuando comen comida china.

# CERDO CON AJO Y PIMIENTA

2 cucharadas de aceite
4 dientes de ajo, cortados en láminas
1 cucharada de pimienta negra
en grano, machacada
500 g/1 lb de carne de cerdo magra,
cortada en tiras
1 atado/500 g/1 lb de bok choy baby, picado
4 cucharadas de hojas de cilantro fresco
2 cucharadas de azúcar de palma o morena
2 cucharadas de salsa de soja liviana
2 cucharadas de jugo de lima

1   Calentar el aceite en un wok o sartén
a fuego mediano, agregar el ajo y la pimienta
negra y saltear 1 minuto. Incorporar el cerdo
y saltear 3 minutos o hasta que se dore.

2   Agregar el bok choy, el cilantro, el azúcar,
la salsa de soja y el jugo de lima y saltear
3-4 minutos o hasta que el cerdo y el bok
choy estén tiernos.

*4 porciones*

El bok choy también se conoce como acelga china, buck choy o pak choy. Su altura varía entre 10-30 cm/4-12 in; para esta receta, use la variedad más pequeña. Tiene un sabor suave, parecido al de la col, y en esta receta puede reemplazarse por ella.

*Cerdo con ajo y pimienta,*
*Salteado de cerdo y calabaza*

# PATO SALTEADO CON VERDURAS

1,2 kg/2 ½ lb de pato chino asado o al horno
2 cucharaditas de aceite
1 cucharada de curry rojo tailandés en pasta
1 cucharadita de pasta de camarones
1 tallo de hierba limón fresca, finamente
picado, o ½ cucharadita de hierba limón seca,
hidratada en agua caliente
4 chiles rojos frescos
1 atado de brócoli chino (gai lum)
o acelga, picados
1 cucharada de azúcar de palma o morena
2 cucharadas de tamarindo concentrado
1 cucharada de salsa de pescado tailandesa
(nam pla)

El brócoli chino (gai lum) es una popular verdura asiática. Tiene hojas de color verde oscuro y tallos firmes, con pequeñas flores blancas. Aunque todas esas partes sirven para cocinar, los tallos son más apreciados. Para prepararlo, separe las hojas de los tallos, pélelos y luego pique todo junto.

1   Cortar la carne del pato en tajadas, sin retirar la piel, y luego cortar en bocados. Reservar todo el jugo que pueda recuperarse.

2   Calentar el aceite en un wok a fuego mediano, añadir el curry, la pasta de camarones, la hierba limón y los chiles y saltear 3 minutos o hasta que despida aroma.

3   Agregar el pato y el jugo reservado y saltear 2 minutos o hasta que se impregne con la mezcla de especias y esté caliente. Incorporar el brócoli o la acelga, el azúcar, el tamarindo y la salsa de pescado y saltear 3-4 minutos o hasta que el brócoli pierda rigidez.

*4 porciones*

36

# SALTEADO DE CARNE Y EJOTES

*Arriba: Salteado de carne y ejotes
Izquierda: Pato salteado con
verduras*

2 cucharaditas de aceite
2 dientes de ajo, machacados
500 g/1 lb de carne tierna de res,
cortada en tiras finas
185 g/6 oz de ejotes cordón,
cortados en trozos de 10 cm/4 in
2 hojas de lima kaffir, cortadas en hebras
2 cucharaditas de azúcar morena
2 cucharadas de salsa de soja liviana
1 cucharada de salsa
de pescado tailandesa (nam pla)
2 cucharadas de hojas de cilantro fresco

1   Calentar el aceite y el ajo en un wok a
fuego mediano, subir el fuego a fuerte, añadir
la carne y saltear 3 minutos o hasta que
cambie de color.

2   Agregar los ejotes cordón, la lima kaffir,
el azúcar y las salsas de soja y pescado
y saltear 2 minutos o hasta que los ejotes
cambien de color. Incorporar el cilantro,
mezclar y servir de inmediato.

*4 porciones*

La lima kaffir es un ingrediente
muy popular en Tailandia.
Tanto los frutos como las hojas
tienen un sabor y un perfume
característicos y se utilizan en
la cocina. Las hojas se venden secas, congeladas o frescas en tiendas de comestibles
orientales y en algunas verdulerías. Si no las consigue,
emplee en su lugar cáscara
de lima finamente rallada.

# MELÓN AMARGO SALTEADO

1 melón amargo mediano, pelado, sin semillas
y cortado en tajadas de 1 cm/¹/₂ in de espesor
2 cucharadas de sal
1 cucharada de aceite
3 cucharadas de camarones secos pequeños
6 chalotes rojos o dorados, cortados en tajadas
2 dientes de ajo, cortados en láminas
2 tallos de hierba limón, finamente picados,
o 1 cucharadita de cáscara
de limón finamente rallada
3 chiles verdes frescos, cortados
en tajadas finas
1 papaya roja pequeña, cortada
en cubos de 3 cm/1¹/₄ in
125 g/4 oz de comelotodos, en mitades
1 cucharada de tamarindo concentrado

**1**   Frotar con sal las tajadas de melón,
colocarlas en un colador y dejar reposar
30 minutos. Enjuagar con agua fría y escurrir
bien.

**2**   Calentar el aceite en un wok a fuego
mediano, agregar los camarones secos, los
chalotes, el ajo y la hierba limón o la cáscara
y saltear 4 minutos o hasta que los chalotes
estén dorados.

**3**   Incorporar los chiles y el melón y saltear
4 minutos o hasta que el melón esté tierno.
Agregar la papaya, los comelotodos y el
tamarindo y saltear 2 minutos o hasta que
los comelotodos estén tiernos.

*4 porciones*

Este salteado es delicioso si se sirve sobre un lecho de fideos celofán y se cubre con cebollas fritas. El melón amargo se parece a un pepino de cáscara rugosa; siempre hay que curarlo con sal antes de cocinarlo, para quitarle el exceso de amargor.

# SALTEADO DE BERENJENAS Y ALBAHACA

3 berenjenas, cortadas en mitades a lo largo
y luego en tajadas de 1 cm/¹/₂ in de espesor
sal
1 cucharada de aceite
2 cebollas, cortadas en gajos finos,
con las capas separadas
3 chiles rojos frescos, picados
2 dientes de ajo, cortados en láminas
1 tallo de hierba limón fresca, picado,
o ¹/₂ cucharadita de hierba limón seca,
hidratada en agua caliente
250 g/8 oz de ejotes, despuntados
1 taza/250 ml/8 fl oz de crema de coco
45 g/1 ¹/₂ oz de hojas de albahaca fresca

**1**   Colocar las berenjenas en un colador,
espolvorear con sal y dejar reposar
20 minutos. Enjuagar con agua fría
y secar con papel absorbente.

**2**   Calentar el aceite en un wok o sartén
a fuego fuerte, agregar las cebollas, los chiles,
el ajo y la hierba limón y saltear 3 minutos.
Agregar las berenjenas, los ejotes y la crema
de coco y saltear 5 minutos o hasta que las
berenjenas estén tiernas. Agregar la albahaca
y mezclar.

*6 porciones*

El salteado es un método de cocción muy rápido –estos platillos no llevan más de 10 minutos–, por eso es importante que todos los ingredientes estén listos, ya cortados o picados, antes de comenzar la cocción.

*Melón amargo salteado,*
*Salteado de berenjenas y albahaca*

*Arriba: Camarones salteados con tamarindo*
*Derecha: Mejillones con vinagre de coco*

# CAMARONES SALTEADOS CON TAMARINDO

El tamarindo es la vaina grande del árbol del mismo nombre o datilero indio. Después de cosecharlas se las pela, se les quitan las semillas y se las prensa para obtener una pulpa marrón oscura, que se envasa así o se deshidrata parcialmente para obtener el concentrado. En tiendas de comestibles indios están disponibles la pulpa y el concentrado. En la cocina oriental se utiliza como agente acidificante. Si no lo consigue, reemplácelo por una mezcla de jugo de lima o limón y melaza.

2 cucharadas de pulpa de tamarindo
¹/₂ taza/125 ml/4 fl oz de agua
2 cucharaditas de aceite
3 tallos de hierba limón fresca, picados,
o 2 cucharaditas de cáscara de limón
finamente rallada
2 chiles rojos frescos, picados
500 g/1 lb de camarones crudos medianos,
pelados y desvenados, con las colas intactas
2 mangos verdes (sin madurar), pelados
y cortados en tajadas finas
3 cucharadas de hojas
de cilantro fresco, picadas
2 cucharadas de azúcar morena
2 cucharadas de jugo de limón

1   Colocar la pulpa de tamarindo y el agua en un recipiente y dejar reposar 20 minutos. Colar y reservar el líquido. Descartar los sólidos.

2   Calentar el aceite en un wok o sartén a fuego fuerte, agregar la hierba limón o la cáscara y los chiles y saltear 1 minuto. Incorporar los camarones y saltear 2 minutos más o hasta que cambien de color.

3   Agregar los mangos, el cilantro, el azúcar, el jugo de limón y el líquido del tamarindo y saltear 5 minutos o hasta que los camarones estén cocidos.

*4 porciones*

# Mejillones con vinagre de coco

1,5 kg/3 lb de mejillones en sus valvas
6 plantas de coriandro enteras,
picadas groseramente
3 tallos de hierba limón fresca, machacados,
o 1 ¹/₂ cucharadita de hierba limón seca,
hidratada en agua caliente
1 trozo de 5 cm/2 in de jengibre fresco,
rallado grueso
¹/₂ taza/125 ml/4 fl oz de agua
1 cucharada de aceite
1 cebolla roja, cortada por la mitad
y luego en tajadas
2 chiles rojos frescos, cortados en tajadas
2 cucharadas de vinagre de coco
hojas de cilantro fresco

1   Colocar los mejillones, el coriandro, la hierba limón, el jengibre y el agua en un wok a fuego fuerte. Tapar y cocinar 5 minutos o hasta que los mejillones se abran. Descartar los que permanezcan cerrados. Retirar los mejillones del recipiente y desechar el coriandro, la hierba limón y el jengibre. Colar el líquido de cocción y reservar.

2   Calentar el aceite en un wok a fuego mediano, añadir la cebolla y los chiles y saltear 3 minutos o hasta que la cebolla esté tierna. Agregar los mejillones, el líquido de cocción reservado y el vinagre de coco y saltear 2 minutos o hasta que se calienten los mejillones. Esparcir hojas de cilantro y servir.

*4 porciones*

Son un manjar si se acompañan con fideos al huevo, hojas de cilantro y los jugos del wok. El vinagre de coco se obtiene a partir de la savia del cocotero. Se vende en tiendas de comestibles orientales y se puede reemplazar por cualquier vinagre suave.

# CURRIES

# PATO CON CARDAMOMO Y NARANJA

*Páginas anteriores: Pato con cardamomo y naranja, Curry verde tailandés de pollo*

1,5 kg/3 lb de pato chino asado o al horno
3 tazas/750 ml/1 ¼ pt de caldo de pollo
2 chiles rojos pequeños, frescos, en mitades
1 trozo de 3 cm/1 ¼ in de galanga o jengibre frescos, cortados en tajadas,
o 5 tajadas de galanga envasada
2 tallos de hierba limón fresca, cortados en trozos de 3 cm/1¼ in, machacados,
o 1 cucharadita de hierba limón seca, hidratada en agua caliente
6 plantas de coriandro enteras, los tallos y raíces separados de las hojas
6 semillas de cardamomo, machacadas
4 hojas de lima kaffir, en trozos
1 naranja grande, pelada, sin membrana blanca y separada en gajos
1 cucharada de aceite
2 cucharaditas de pasta de camarones
2 cucharaditas de curry rojo tailandés en pasta
1 diente de ajo, finamente picado
1 cucharada de azúcar de palma o morena
2 cebollas de rabo, cortadas en tiras finas

El pato chino asado o al horno se puede comprar en tiendas de comestibles orientales que venden carne. Si no lo consigue, prepare esta receta con pato común.

1   Cortar la carne del pato en bocados, reservar los huesos y la piel y recuperar todo el jugo que sea posible. Colocar en una cacerola los huesos, la piel, el jugo, el caldo, los chiles, la galanga o jengibre, la hierba limón, los tallos y raíces de las plantas de coriandro, el cardamomo, la lima kaffir y la cáscara de naranja y llevar a hervor. Bajar el fuego y cocinar, sin tapar, 15 minutos. Colar el líquido y reservar. Descartar los sólidos.

2   Calentar el aceite en un wok o cacerola grande a fuego mediano, agregar la pasta de camarones, el curry y el ajo y cocinar, revolviendo, 1-2 minutos o hasta que se torne fragante.

3   Incorporar las presas de pato y revolver para que se impregnen con la mezcla de especias. Agregar el líquido reservado y cocinar a fuego lento 3-4 minutos o hasta que se reduzca un poco. Añadir los gajos de naranja, las hojas de cilantro y el azúcar y mezclar. Servir con las tiras de cebolla por encima.

*4 porciones*

# CURRY VERDE TAILANDÉS DE POLLO

1 cucharada de aceite
2 cebollas, picadas
3 cucharadas de curry verde tailandés en pasta
1 kg/2 lb de muslos o pechugas de pollo deshuesados, picados
4 cucharadas de hojas de albahaca fresca
6 hojas de lima kaffir, cortadas en hebras
2 ½ tazas/600 ml/1 pt de leche de coco
2 cucharadas de salsa de pescado tailandesa (nam pla)
hojas de albahaca fresca extra

Los curries tailandeses en pasta son mezclas de hierbas y especias molidas que vale la pena preparar en casa, con poco esfuerzo y con la ayuda de las recetas que se incluyen en el glosario de la página 78.

1   Calentar el aceite en una cacerola a fuego fuerte, añadir las cebollas y cocinar 3 minutos o hasta que estén doradas. Agregar el curry, revolver y cocinar 2 minutos o hasta que esté fragante.

2   Incorporar el pollo, la albahaca, la lima kaffir, la leche de coco y la salsa de pescado y llevar a hervor. Bajar la llama y cocinar a fuego lento 12-15 minutos o hasta que el pollo esté tierno y la salsa, espesa. Servir adornado con albahaca extra.

*6 porciones*

# CURRY DE EJOTES A LA MENTA

*Curry de ejotes a la menta*

6 raíces de coriandro, frescas
2 tallos de hierba limón fresca,
en tajadas finas, o 1 cucharadita de hierba
limón seca, hidratada en agua caliente
6 hojas de lima kaffir, cortadas en hebras
2 cucharadas de azúcar de palma o morena
3 tazas/750 ml/1 ¼ pt de agua
3 cucharadas de salsa de pescado tailandesa
(nam pla)
2 cucharaditas de aceite de cacahuate
3 chiles verdes pequeños, frescos, en juliana
(opcional)
1 trozo de 5 cm/2 in de jengibre fresco,
rallado grueso
2 cucharaditas de curry verde tailandés
en pasta
220 g/7 oz de berenjenas chícharo
220 g/7 oz de ejotes cordón, cortados
en trozos de 2,5 cm/1 in
440 g/14 oz de jitomates en lata,
escurridos y picados
2 cucharadas de tamarindo concentrado
60 g/2 oz de hojas de menta fresca

1   Colocar en una cacerola las raíces
de coriandro, la hierba limón, la lima kaffir,
el azúcar, el agua y la salsa de pescado y llevar
a hervor. Bajar el fuego y cocinar 10 minutos.
Colar, descartar los sólidos y reservar el caldo.

2   Calentar el aceite en un wok o cacerola
grande a fuego mediano, agregar los chiles
(si se usan), el jengibre y el curry y saltear
2-3 minutos o hasta que se perciba
la fragancia. Incorporar las berenjenas
y los ejotes y revolver para que se impregnen
con la mezcla de especias. Verter el caldo
reservado y cocinar a fuego lento 10 minutos
o hasta que los vegetales estén tiernos.
Agregar los jitomates y el tamarindo y cocinar
a fuego lento 3 minutos o hasta calentar.
Mezclar con la menta.

*4 porciones*

Las berenjenas chícharo
son diminutas berenjenas
verdes de un tamaño
similar al de los chícharos
y por lo general se venden
sin separarlas de sus tallos
trepadores. Se consumen
enteras, crudas o cocidas,
y tienen sabor amargo.
Si no las encuentra, utilice
ejotes en su reemplazo.

# CURRY DE CARNE CON CASTAÑAS Y CHILE

1 trozo de 3 cm/1 ¼ de galanga o jengibre
frescos, picado, o 5 tajadas de galanga
envasada, picadas
1 tallo de hierba limón fresca, en tajadas finas,
o ½ cucharadita de hierba limón seca,
hidratada en agua caliente
3 hojas de lima kaffir, cortadas en hebras
2 chiles rojos pequeños, frescos,
sin semillas y picados
2 cucharaditas de pasta de camarones
2 cucharadas de salsa de pescado tailandesa
(nam pla)
1 cucharada de jugo de lima
2 cucharadas de aceite de cacahuate
4 chalotes rojos o dorados, cortados en tajadas
2 dientes de ajo, picados
3 chiles rojos pequeños, frescos,
cortados en tajadas
500 g/1 lb de carne tierna de res, cortada
en cubos de 2 cm/³⁄₄ in
2 tazas/500 ml/16 fl oz de caldo de res
250 g/8 oz de quimbombóes, despuntados
60 g/2 oz de castañas de Cajú,
groseramente picadas
1 cucharada de azúcar de palma o morena
2 cucharadas de salsa de soja liviana

La salsa de pescado nam pla es característica de la cocina tailandesa y aparece como condimento en muchos platillos. Los cocineros tailandeses se enorgullecen de preparar su propia salsa de pescado, y la habilidad para hacerla es el sello que consagra a los grandes del arte culinario.

1   Colocar en una procesadora la galanga o jengibre, la hierba limón, la lima kaffir, los chiles picados, la pasta de camarones, la salsa de pescado y el jugo de lima y procesar hasta obtener una pasta; agregar un poco de agua si fuera necesario.

2   Calentar 1 cucharada de aceite en un wok o cacerola grande a fuego mediano, añadir los chalotes, el ajo, los chiles en tajadas y la pasta procesada y cocinar, revolviendo, 2-3 minutos. Retirar y reservar.

3   Calentar el aceite restante en un wok a fuego fuerte y saltear la carne, por tandas, hasta que se dore. Colocar de nuevo sobre la hornalla el recipiente con la preparación de especias, agregar el caldo y los quimbombóes, revolver y llevar a hervor. Bajar el fuego y cocinar 15 minutos, revolviendo de tanto en tanto.

4   Agregar las castañas de Cajú, el azúcar y la salsa de soja y cocinar a fuego lento 10 minutos más o hasta que la carne esté tierna.

*4 porciones*

# CURRY ROJO DE CARNE

1 taza/250 ml/8 fl oz de crema de coco
3 cucharadas de curry rojo tailandés en pasta
500 g/1 lb de carne tierna de res, en cubos
155 g/5 oz de berenjenas chícharo
o 1 berenjena, en cubos
220 g/7 oz de brotes de bambú en lata,
cortados en tajadas
6 hojas de lima kaffir, machacadas
1 cucharada de azúcar morena
2 tazas/500 ml/16 fl oz de leche de coco
2 cucharadas de salsa de pescado tailandesa
(nam pla)
3 cucharadas de hojas de cilantro fresco
2 chiles rojos frescos, picados

En Tailandia es costumbre servir los curries sobre arroz moldeado, que absorbe el abundante líquido del curry y toma su sabor. Los arroces fragantes como el jazmín y el basmati son complementos perfectos para los curries tailandeses.

1   Colocar la crema de coco en una cacerola, llevar a hervor fuerte y mantenerlo hasta que la crema suelte aceite, se reduzca y espese ligeramente. Agregar el curry, mientras se revuelve, y hervir 2 minutos más o hasta que despida aroma.

2   Incorporar la carne, las berenjenas chícharo o la berenjena, los brotes de bambú, la lima kaffir, el azúcar, la leche de coco y la salsa de pescado, tapar y cocinar a fuego lento 35-40 minutos o hasta que la carne esté tierna. Mezclar con el cilantro y los chiles.

*4 porciones*

*Curry rojo de carne,*
*Curry de carne con castañas y chile*

# CURRY DE CAMOTE Y TOFU

1 cucharada de aceite de cacahuate
1 cucharadita de aceite de chile (opcional)
315 g/10 oz de tofu firme, cortado
en tajadas de 1 cm/$^1$/$_2$ in
1 $^1$/$_2$ taza/375 ml/12 fl oz de crema de coco
1 taza/250 ml/8 fl oz de caldo de verduras
2 cucharadas de curry rojo tailandés en pasta
375 g/12 oz de camotes, cortados
en cubos de 2 cm/$^3$/$_4$ in
2 cucharadas de azúcar de palma o morena
1 cucharada de salsa de pescado tailandesa
(nam pla)
2 cucharaditas de jugo de lima
60 g/2 oz de hojas de albahaca fresca

Queda muy bien servir este curry vegetariano sobre fideos celofán. Si lo prefiere, reemplace la salsa de pescado por salsa de soja liviana.

1   Calentar el aceite de cacahuate y el de chile (si se usa) en un wok o cacerola grande a fuego mediano, agregar el tofu y saltear hasta que se dore por todos lados. Retirar, escurrir sobre papel absorbente y reservar.

2   Limpiar la cacerola o el wok con papel absorbente, añadir la crema de coco y el caldo y llevar a hervor. Agregar el curry, mientras se revuelve, y cocinar 3-4 minutos o hasta que despida aroma.

3   Incorporar los camotes, tapar y cocinar a fuego mediano 8-10 minutos o hasta que estén casi cocidos.

4   Agregar el azúcar, la salsa de pescado y el jugo de lima, mezclar y cocinar 4-5 minutos más o hasta que el camote esté tierno. Añadir la albahaca y revolver.

*4 porciones*

# CERDO CON PIÑA Y ALBAHACA

4 chalotes rojos o dorados, picados
2 chiles rojos frescos, finamente picados
1 trozo de 3 cm/1 $^1/_4$ in de galanga o jengibre
frescos, finamente picado, o 5 tajadas
de galanga envasada, picadas
4 hojas de lima kaffir
1 tallo de hierba limón fresca, sólo la parte
blanca tierna, en tajadas finas,
o $^1/_2$ cucharadita de hierba limón seca,
hidratada en agua caliente
1 cucharada de tamarindo concentrado
2 cucharadas de jugo de lima
1 cucharada de agua
2 cucharaditas de pasta de camarones
1 cucharada de camarones secos
350 g/11 oz de lomo de cerdo,
cortado en cubos de 3 cm/1$^1/_4$ in
1 cucharada de aceite
1 cucharadita de azúcar de palma o morena
1 $^1/_2$ taza/375 ml/12 fl oz de crema de coco
$^1/_2$ taza/125 ml/4 fl oz de leche de coco
2 cucharadas de salsa de pescado tailandesa
(nam pla)
$^1/_2$ piña pequeña (200 g/6 $^1/_2$ oz),
cortada en tiras de 2 cm/$^3/_4$ in de ancho
60 g/2 oz de hojas de albahaca fresca

**1**  Colocar en una procesadora los chalotes,
los chiles, la galanga o jengibre, la lima kaffir,
la hierba limón, el tamarindo, 1 cucharada de
jugo de lima, el agua, la pasta de camarones
y los camarones secos y procesar hasta lograr
una textura lisa; agregar un poquito más
de agua si fuera necesario.

**2**  Colocar el cerdo en un bol, agregar la
mezcla procesada y remover para distribuirla.

**3**  Calentar el aceite en un wok o cacerola
grande a fuego mediano, incorporar el cerdo
y saltear 5 minutos o hasta que esté apenas
cocido y se perciba buen aroma.

**4**  Agregar el azúcar, la crema y la leche de
coco y la salsa de pescado, revolver y cocinar
a fuego lento 8-10 minutos o hasta que el
cerdo esté tierno.

**5**  Incorporar la piña y el jugo de lima
restante y cocinar a fuego lento 3 minutos
o hasta calentar. Agregar la albahaca.

*4 porciones*

Al manipular chiles frescos
tenga la precaución de no
tocarse los ojos ni los labios.
Para evitar la irritación
y el ardor, use guantes.
En los supermercados se
consiguen chiles molidos,
en frascos.

*Arriba izquierda: Curry de camote y tofu*
*Derecha: Cerdo con piña y albahaca*

# CURRY DE MANGO VERDE Y PESCADO

El mango verde
y la papaya se usan
habitualmente en la
cocina tailandesa para
otorgar una nota ácida
al platillo terminado. Si no
encuentra mangos verdes
puede reemplazarlos por
manzanas verdes, pero
no utilice mangos maduros
porque no aportan el
mismo sabor ni la misma
textura.

1 ½ taza/375ml/12 fl oz de crema de coco
1 cucharadita de curry verde tailandés en pasta
1 tallo de hierba limón fresca, machacado,
o ½ cucharadita de hierba limón seca,
hidratada en agua caliente
4 hojas de lima kaffir, en tajadas finas
1 mango verde (sin madurar) grande,
cortado en tajadas de 5 mm/¼ in
500 g/1 lb de filetes de pescado firme,
cortados en cubos de 5 cm/2 in
1 cucharada de azúcar de palma o morena
2 cucharadas de salsa de pescado tailandesa
(nam pla)
1 cucharada de vinagre de coco
60 g/2 oz de hojas de cilantro fresco

1   Colocar en una cacerola la crema de coco,
el curry, la hierba limón y la lima kaffir
y llevar a hervor, luego bajar la llama
y cocinar a fuego lento 5 minutos o hasta
que esté fragante.

2   Agregar el mango y cocinar 3 minutos
a fuego lento. Incorporar el pescado, el azúcar
y la salsa de pescado y cocinar a fuego lento
3-4 minutos o hasta que el pescado esté
cocido. Agregar el vinagre y el cilantro
y revolver.

*4 porciones*

# CURRY DE CHILE VERDE Y CAMARONES

La hierba limón fresca
se consigue en tiendas
de comestibles orientales y
en algunos supermercados
y verdulerías. También está
disponible seca; si usa ésta,
antes de incorporarla a la
preparación remójela en
agua caliente 20 minutos
o hasta que se ablande. En
los supermercados venden
hierba limón envasada,
que se emplea del mismo
modo que la fresca.

1 cucharada de aceite
1,5 kg/3 lb de camarones crudos medianos,
pelados y desvenados, reservar los
caparazones y las cabezas
2 tallos de hierba limón fresca, machacados,
o 1 cucharadita de hierba limón seca,
hidratada en agua caliente
2 chiles verdes largos, frescos, en mitades
1 trozo de 4 cm/1 ½ in de galanga o jengibre
frescos, o 6 tajadas de galanga envasada
3 tazas/750 ml/1 ¼ pt de agua
2 cucharaditas de curry verde
tailandés en pasta
1 pepino, sin semillas y cortado en tiras finas
5 chiles verdes frescos, enteros (opcional)
1 cucharada de azúcar de palma o morena
2 cucharadas de salsa de pescado tailandesa
(nam pla)
1 cucharada de vinagre de coco
2 cucharaditas de tamarindo concentrado

1   Calentar 2 cucharaditas de aceite
en una cacerola a fuego mediano, añadir
los caparazones y cabezas de los camarones
y cocinar, revolviendo, 3-4 minutos o hasta
que los caparazones cambien de color. Agregar
la hierba limón, los chiles en mitades, la
galanga o jengibre y el agua y llevar a hervor.
Romper la galanga o el jengibre con una
cuchara de madera, bajar la llama y cocinar
10 minutos a fuego lento. Colar, descartar
los sólidos y reservar el caldo.

2   Calentar el resto del aceite en un wok
o cacerola a fuego mediano y saltear el
curry 2-3 minutos o hasta que se perciba
la fragancia.

3   Agregar los camarones, el pepino, los
chiles enteros (si se usan), el azúcar, el caldo
reservado, la salsa de pescado, el vinagre y el
tamarindo y cocinar, revolviendo, 4-5 minutos
o hasta que los camarones cambien de color
y estén cocidos.

*4 porciones*

# CURRY DE POLLO PHANAENG

Para almacenar las plantas de coriandro enteras, coloque las raíces en un frasco de vidrio con 1 cm/$^1/_2$ in de agua, cubra sin ajustar con una bolsa plástica, asegúrela alrededor del frasco y guarde en el refrigerador. El cilantro y otras hierbas frescas que estén lozanas al comprarlas se conservan una semana si se acondicionan de este modo, sin lavarlas previamente.

2 tazas/500 ml/16 fl oz de leche de coco
3 cucharadas de curry rojo tailandés en pasta
500 g/1 lb de pechugas de pollo, cortadas en tajadas
250 g/8oz de ejotes cordón
3 cucharadas de cacahuates tostados sin sal, finamente picados
2 cucharaditas de azúcar de palma o morena
1 cucharada de salsa de pescado tailandesa (nam pla)
$^1/_2$ taza/125 ml/4 fl oz de crema de coco
2 cucharadas de hojas de albahaca fresca
2 cucharadas de hojas de cilantro fresco
chile rojo fresco cortado en tajadas

1   Colocar la leche de coco en una cacerola, llevar a ebullición a fuego fuerte y hervir hasta que la leche de coco suelte aceite, se reduzca y espese un poco. Incorporar el curry, mientras se revuelve, y hervir 2 minutos o hasta que despida aroma.

2   Agregar el pollo, los ejotes, los cacahuates, el azúcar y la salsa de pescado y cocinar a fuego lento 5-7 minutos o hasta que el pollo esté tierno. Añadir la crema de coco, la albahaca y el cilantro y mezclar. Servir con tajadas de chile por encima.

*4 porciones*

# POLLO CON LIMA Y COCO

1 kg/2 lb de muslos o pechugas de pollo, cortados en tiras gruesas
1 cucharada de curry rojo tailandés en pasta
1 cucharada de aceite
3 cucharadas de azúcar de palma o morena
4 hojas de lima kaffir
2 cucharaditas de cáscara de lima, finamente rallada
1 taza/250 ml/8 fl oz de crema de coco
1 cucharada de salsa de pescado tailandesa (nam pla)
2 cucharadas de vinagre de coco
3 cucharadas de coco en hebras
4 chiles rojos frescos, en tajadas

1   Colocar el pollo y el curry en un recipiente y revolver para que se impregne. Calentar el aceite en un wok o cacerola grande a fuego fuerte, incorporar el pollo y saltear 4-5 minutos o hasta que esté ligeramente dorado y aromático.

2   Agregar el azúcar, la lima kaffir, la cáscara de lima, la crema de coco y la salsa de pescado y cocinar, revolviendo sobre fuego mediano, 3-4 minutos o hasta que el azúcar se disuelva y acaramele.

3   Añadir el vinagre y el coco, revolver y cocinar a fuego lento hasta que el pollo esté tierno. Servir con los chiles en un cuenco aparte.

*4 porciones*

Para variar, sirva este platillo con fideos.

*Curry de pollo phanaeng,*
*Pollo con lima y coco*

# Al vapor,
# a la parrilla
# y fritos

# PESCADO FRITO CON CHILE

2 pescados de 500 g/1 lb, indicados para freír,
limpios y enteros
4 chiles rojos frescos, picados
4 raíces de coriandro, frescas
3 dientes de ajo, machacados
1 cucharadita de pimienta negra en grano,
machacada
aceite para freír

### SALSA DE CHILE ROJO
²/₃ taza/170 g/5 ¹/₂ de azúcar
8 chiles rojos frescos, cortados en tajadas
4 chalotes rojos o dorados, cortados en tajadas
¹/₃ taza/90 ml/3 fl oz de vinagre de coco
¹/₃ taza/90 ml/3 fl oz de agua

Este platillo es un centro de mesa sorprendente para una fiesta tailandesa.

1   Realizar cortes oblicuos en ambos lados de cada pescado.

2   Colocar en una procesadora los chiles picados, las raíces de coriandro, el ajo y la pimienta negra y procesar hasta formar una pasta. Untar con ella los pescados, de ambos lados, y marinar 30 minutos.

3   Para preparar la salsa, colocar en una cacerola el azúcar, los chiles en tajadas, los chalotes, el vinagre y el agua y cocinar a fuego bajo, revolviendo, hasta que el azúcar se disuelva. Hervir a fuego lento 4 minutos o hasta que la salsa espese, revolviendo de tanto en tanto.

4   Calentar abundante aceite en un wok o sartén honda hasta que un cubo de pan se dore en 50 segundos. Cocinar los pescados, de a uno, 2 minutos de cada lado o hasta que la carne se separe al probar con un tenedor. Escurrir sobre papel absorbente. Servir con la salsa de chile.

*6 porciones*

# PESCADO CON SALSA DE MANGO VERDE

En los países del sudeste asiático y del Pacífico las hojas de plátano se usan de igual modo que el papel de aluminio en los países occidentales. Si no las consigue puede utilizar este papel, pero el platillo terminado no tendrá el sabor que aportan las hojas de plátano y resultará algo más seco. Consulte el glosario de la página 78 para saber cómo se preparan y blanquean las hojas.

4 filetes o postas de 185 g/6 oz
de pescado firme
4 hojas de plátanos, blanqueadas
3 dientes de ajo, cortados en láminas
1 cucharadita de jengibre fresco rallado grueso
2 hojas de lima kaffir

### SALSA DE MANGO VERDE
¹/₂ mango verde (sin madurar) pequeño,
la pulpa rallada
3 chalotes rojos o dorados, picados
2 chiles rojos frescos, cortados en tajadas
1 cucharada de azúcar morena
¹/₄ taza/60 ml/2 fl oz de agua
1 cucharada de salsa de pescado tailandesa
(nam pla)

1   Colocar un filete o posta de pescado en el centro de cada hoja de plátano. Distribuir encima el ajo, el jengibre y la lima kaffir, luego doblar las hojas y cerrar. Cocinar los paquetes sobre una parrilla al carbón o en el horno 15-20 minutos o hasta que la carne del pescado se separe al probar con un tenedor.

2   Para preparar la salsa, colocar en una cacerola el mango, los chalotes, los chiles, el azúcar, el agua y la salsa de pescado y cocinar a fuego bajo, revolviendo, 4-5 minutos o hasta calentar.

3   Para servir, colocar los paquetes en los platos, cortar las hojas para que se vea el pescado y presentar con la salsa.

*4 porciones*

# Mariscos con hierba limón

5 chalotes rojos o dorados, picados
4 tallos de hierba limón fresca, machacados
y cortados en trozos de 3 cm/1 ¼ in,
o 2 cucharaditas de hierba limón seca,
hidratada en agua caliente
3 dientes de ajo, machacados
1 trozo de 5 cm/2 in de jengibre fresco,
rallado grueso
3 chiles rojos frescos, sin semillas y picados
8 hojas de lima kaffir, en trozos
750 g/1 ½ lb de mejillones, cepillados
y sin las barbas
¼ taza/60 ml/2 fl oz de agua
12 ostiones en sus valvas, limpios
1 cucharada de jugo de lima
1 cucharada de salsa de pescado tailandesa
(nam pla)
3 cucharadas de hojas de albahaca fresca

1   En un recipiente pequeño mezclar los chalotes, la hierba limón, el ajo, el jengibre, los chiles y la lima kaffir.

2   Colocar los mejillones en un wok y cubrirlos con la mitad de la mezcla de chalotes. Verter el agua, tapar y cocinar 5 minutos a fuego fuerte.

3   Agregar los ostiones, la mezcla de chalotes restante, el jugo de lima, la salsa de pescado y la albahaca y mezclar. Cubrir y cocinar 4-5 minutos o hasta que los mejillones y los ostiones estén cocidos. Descartar los mejillones que no se abran.

*4 porciones*

Sirva este platillo en la mesa directamente del wok y no deje de incluir en cada plato un poco de los deliciosos jugos de la cocción.

# POLLO CON AJO Y PIMIENTA

4 dientes de ajo
3 raíces de coriandro, frescas
1 cucharadita de pimienta negra
en grano, triturada
500 g/1 lb de pechugas de pollo,
en cubos de 3 cm/1 ¼ in
aceite para freír
30 g/1 oz de hojas de albahaca fresca
30 g/1 oz de hojas de menta fresca
salsa de chile dulce

1  Colocar en una procesadora el ajo, las raíces de coriandro y la pimienta negra y procesar hasta obtener una pasta. Cubrir con ella el pollo y marinar 1 hora.

2  Calentar abundante aceite en un wok o sartén a fuego fuerte hasta que un cubo de pan se dore en 50 segundos, luego freír el pollo, por tandas, 2 minutos o hasta que esté dorado y tierno. Escurrir sobre papel absorbente.

3  Freír la albahaca y la menta hasta que estén crujientes, escurrirlas y repartirlas en los platos. Colocar el pollo arriba y servir con salsa de chile.

*4 porciones*

Los cocineros tailandeses emplean tres tipos de albahaca: la dulce asiática, la santa y la alimonada; cada una tiene un sabor propio y un uso específico. Para este platillo se recomienda la albahaca asiática dulce, conocida en Tailandia como horapa. Para mayor información sobre la albahaca, lea el glosario de la página 78.

# POLLO A LA PARRILLA

1 kg/2 lb de presas de pollo
4 chiles rojos frescos, picados
4 dientes de ajo, picados
3 raíces de coriandro, frescas, picadas
2 tallos de hierba limón fresca, picados,
o 1 cucharadita de hierba limón seca,
hidratada en agua caliente
3 cucharadas de jugo de lima
2 cucharadas de salsa de soja liviana
1 taza/250 ml/8 fl oz de crema de coco
salsa de chile dulce

1  Disponer el pollo en una fuente de vidrio o cerámica y reservar.

2  Colocar en una procesadora los chiles, el ajo, las raíces de coriandro, la hierba limón, el jugo de lima y la salsa de soja y procesar hasta obtener una pasta. Mezclarla con la crema de coco y verter sobre el pollo. Marinar 1 hora.

3  Escurrir el pollo y reservar la marinada. Ubicar el pollo en una parrilla al carbón, en una barbacoa a gas o en el grill y cocinar, pincelando frecuentemente con la marinada, 25-30 minutos o hasta que esté tierno. Servir con salsa de chile.

*6 porciones*

Muchas especialidades tailandesas, como ésta y otras de este capítulo y del capítulo de bocadillos y entradas, son magníficas para la barbacoa. Elija las que prefiera para una memorable barbacoa de inspiración tailandesa y sírvalas con una selección de ensaladas y salsas. Otras recetas apropiadas para preparar a la parrilla son el satay (página 8), el pescado con salsa de mango verde (página 56), la carne asada especiada (página 60) y las costillas de cerdo a la parrilla (página 61).

*Pollo a la parrilla*
*Pollo con ajo y pimienta*

# CARNE ASADA ESPECIADA

Temperatura del horno
220°C, 400°F, gas 6 (opcional)

El arroz es el elemento central de toda comida tailandesa, y el arroz jazmín al vapor es uno de los que más se consumen. Para equilibrar los sabores salados de los otros platillos, el arroz se cocina sin sal. Mientras que los otros platillos se pueden servir a temperatura ambiente, el arroz debe servirse bien caliente.

1 cebolla roja, picada
4 dientes de ajo, machacados
2 raíces de coriandro, frescas
1 cucharadita de pimienta negra en grano
2 cucharadas de salsa de soja liviana
2 cucharaditas de jugo de lima
2 cucharaditas de salsa de pescado tailandesa (nam pla)
500 g/1 lb de carne de res indicada para asar, en un trozo
6 hojas de lechuga
185 g/6 oz de jitomates cherry, en mitades
1 pepino, cortado en rodajas
gajos de lima

1   Colocar en una procesadora la cebolla, el ajo, las raíces de coriandro, la pimienta en grano, la salsa de soja, el jugo de lima y la salsa de pescado y procesar hasta obtener una pasta. Cubrir con ella la carne y cocinar en una parrilla al carbón o barbacoa a gas, a fuego mediano, 15 minutos o hasta que la carne esté cocida a término medio. Como alternativa, hornear 30-45 minutos o hasta alcanzar el mismo punto.

2   Acomodar la lechuga, los jitomates y el pepino en una bandeja. Cortar la carne en tajadas finas y acomodarlas sobre la lechuga. Servir con gajos de lima

*4 porciones*

# COSTILLAS DE CERDO A LA PARRILLA

*Arriba: Costillas de cerdo a
la parrilla
Izquierda: Carne asada especiada*

4 dientes de ajo, picados
2 cucharadas de jengibre fresco,
finamente rallado
2 cucharadas de azúcar
2 cucharadas de comino molido
$^1/_2$ taza de salsa de soja oscura
1 kg/2 lb de costillas de cerdo

1   En un recipiente de vidrio o cerámica
mezclar el ajo, el jengibre, el azúcar, el comino
y la salsa de soja. Agregar las costillas
y marinar 1 hora.

2   Escurrir las costillas y reservar
la marinada. Cocinar las costillas en una
parrilla precalentada o en el grill, rociando
frecuentemente con la marinada, 15 minutos
o hasta que estén doradas y cocidas.

*6 porciones*

Para una comida informal
sirva estas sabrosas costillas
con ensalada de verdes
y hierbas asiáticas
y acompañe con cuencos
de arroz jazmín al vapor.

*Derecha: Mousse de pescado al vapor, Pescado con lima y ajo*

# MOUSSE DE PESCADO AL VAPOR

hojas de plátano, blanqueadas
2 tazas/500 ml/16 fl oz de leche de coco
3 cucharadas de curry tailandés rojo en pasta
2 huevos, ligeramente batidos
500 g/1 lb de filetes de pescado
blanco firme, picados
2 hojas de lima kaffir, cortadas en hebras
1 cucharadita de azúcar
2 cucharadas de salsa de pescado tailandesa
(nam pla)
125 g/4 oz de hojas de albahaca fresca
$^1\!/_2$ taza/125 ml/4 fl oz de crema de coco

1   De las hojas de plátano cortar 6 discos
de 20 cm/8 in. Realizar cuatro pliegues
en los bordes y asegurarlos con palillos
para formar cuencos. Reservar.

2   Colocar 1 taza/250 ml/8 fl oz de leche
de coco en una cacerola y llevar a hervor.
Añadir el curry, mientras se revuelve,

y mezclar. Retirar del fuego, enfriar un poco
y luego agregar los huevos y agitar para
integrar. Incorporar el pescado, la lima kaffir,
el azúcar, la salsa de pescado y la leche
de coco restante y cocinar a fuego fuerte,
revolviendo, 5 minutos.

3   Distribuir la albahaca en los cuencos
de hojas de plátano y luego repartir
la preparación de pescado. Acomodar los
cuencos en una vaporera de bambú y reservar.

4   Llenar un wok hasta la mitad con agua
caliente y llevar a hervor. Apoyar la vaporera
sobre una rejilla ubicada en el wok, cubrir
y cocinar al vapor 15 minutos. Coronar cada
mousse con un poco de crema de coco
y cocinar 5-7 minutos más o hasta que esté
firme.

*6 porciones*

> Si no dispone de hojas
> de plátano puede utilizar
> cazuelitas térmicas
> de 1 taza/250 ml/8 fl oz
> de capacidad.

# PESCADO CON LIMA Y AJO

1 pescado de 750 g/1 $^1\!/_2$ lb, indicado
para cocinar al vapor, limpio y entero
2 tallos de hierba limón fresca, picados,
o 1 cucharadita de hierba limón seca,
hidratada en agua caliente
4 tajadas de jengibre fresco
1 chile verde fresco, en mitades
4 hojas de lima kaffir, machacadas
8 plantas de coriandro enteras

SALSA DE LIMA Y AJO

2 chiles rojos frescos, sin semillas y picados
2 chiles verdes, sin semillas y picados
3 dientes de ajo, picados
1 cucharada de jengibre fresco, rallado grueso
1 taza/250 ml/8 fl oz de caldo
de pescado o pollo
4 cucharadas de jugo de lima
1 cucharada de salsa de pescado tailandesa
(nam pla)

1   Realizar profundos cortes oblicuos
en ambos lados del pescado. Colocar
en la cavidad la hierba limón, el jengibre,
las mitades de chile, la lima kaffir y las plantas
de coriandro.

2   Llenar un wok hasta la mitad con agua
caliente y llevar a hervor. Colocar el pescado
en una rejilla sobre el agua. Cubrir el wok
y cocinar al vapor 10-15 minutos o hasta
que la carne del pescado se pueda atravesar
con un tenedor.

3   Para preparar la salsa, colocar en una
cacerola pequeña los chiles rojos y verdes,
el ajo, el jengibre, el caldo, el jugo de lima
y la salsa de pescado y cocinar 4 minutos
a fuego lento. Para servir, disponer el pescado
en una fuente y bañarlo con la salsa.

*4 porciones*

> La mayoría de las cocinas
> occidentales cuenta con
> el equipamiento que
> se requiere para preparar
> comidas tailandesas. Todo
> lo que se necesita es un
> wok o sartén grande,
> varias cacerolas grandes,
> una procesadora o un
> mortero y, si es posible,
> una vaporera de bambú
> con tapa ajustada.

# ARROZ
# Y FIDEOS

*Páginas anteriores: Fideos de arroz con verduras, Pad thai.
Página opuesta: Fideos fritos a la tailandesa*

# PAD THAI

315 g/10 oz de fideos de arroz, frescos o secos
2 cucharaditas de aceite
4 chalotes rojos o dorados, picados
3 chiles rojos frescos, picados
2 cucharadas de jengibre fresco, rallado grueso
250 g/8 oz de pechugas
de pollo deshuesadas, picadas
250 g/8 oz de camarones
medianos crudos, pelados y desvenados
60 g/2 oz de cacahuates tostados, picados
1 cucharada de azúcar
4 cucharadas de jugo de lima
3 cucharadas de salsa de pescado
2 cucharadas de salsa de soja liviana
125 g/4 oz de tofu, picado
60 g/2 oz de brotes de soja
4 cucharadas de hojas de cilantro fresco
3 cucharadas de hojas de menta fresca
gajos de lima para acompañar

**1**   Colocar los fideos en un recipiente y cubrirlos con agua hirviente. Dejarlos en remojo 2 minutos, si son frescos, y 5-6 minutos o hasta que estén blandos, si son secos. Escurrir bien y reservar.

**2**   Calentar el aceite en un wok o sartén a fuego fuerte, añadir los chalotes, los chiles y el jengibre y saltear 1 minuto. Agregar el pollo y los camarones y saltear 4 minutos más o hasta que estén cocidos.

**3**   Incorporar los fideos, los cacahuates, el azúcar, el jugo de lima y las salsas de soja y de pescado y saltear 4 minutos o hasta calentar. Agregar el tofu, los brotes de soja, el cilantro y la menta, revolver y cocinar 1-2 minutos o hasta que todo esté caliente. Servir con gajos de lima.

*4 porciones*

En Tailandia es usual servir fideos a modo de bocadillos.

# FIDEOS DE ARROZ CON VERDURAS

350 g/11 oz de fideos de arroz gruesos,
frescos o secos
1 cucharada de aceite
2 cucharadas de jengibre fresco, rallado grueso
2 dientes de ajo, machacados
250 g/8 oz de brócoli chino (gai lum), picado
125 g/4 oz de espárragos, cortados en mitades
3 cucharadas de cebollín fresco,
cortado con tijera
1/3 taza/90 ml/3 fl oz de caldo
2 cucharadas de salsa de soja liviana
1 cucharadita de almidón de maíz, disuelto en
2 cucharadas de agua

**1**   Colocar los fideos en un recipiente y cubrirlos con agua hirviente. Dejarlos en remojo 2 minutos, si son frescos, y 5-6 minutos o hasta que estén blandos, si son secos. Escurrir bien y reservar.

**2**   Calentar el aceite en un wok o sartén a fuego mediano, agregar el jengibre y el ajo y saltear 1 minuto. Incorporar el brócoli, los espárragos, el cebollín, el caldo y la salsa de soja y saltear 2 minutos.

**3**   Agregar los fideos y saltear 4 minutos o hasta calentar. Añadir el almidón disuelto, revolver y cocinar 1 minuto más o hasta que la mezcla espese.

*4 porciones*

Para mayor información sobre el brócoli chino (gai lum) lea el comentario de la página 36.

# FIDEOS FRITOS A LA TAILANDESA

aceite para freír
250 g/8 oz de fideos vermicelli de arroz
2 cucharaditas de aceite de ajonjolí
2 cebollas, picadas
2 dientes de ajo, machacados
185 g/6 oz de filetes de cerdo, picados
185 g/6 oz de pechugas de pollo, picadas
1 cucharadita de chile en escamas
125 g/4 oz de brotes de soja
2 cucharadas de salsa de pescado tailandesa
(nam pla)
1 cucharada de jugo de limón
2 cucharadas de tamarindo concentrado

1   Calentar abundante aceite en un wok
o cacerola grande a fuego fuerte hasta que
esté bien caliente. Freír los fideos, de a pocos
por vez, 1-2 minutos o hasta que estén
ligeramente dorados e inflados. Retirar
y reservar.

2   Calentar el aceite de ajonjolí en un wok
o sartén a fuego mediano, agregar las cebollas
y el ajo y saltear 4 minutos o hasta que estén
tiernos y dorados. Incorporar el cerdo,
el pollo y el chile y saltear 4 minutos o hasta
que el cerdo y el pollo estén dorados
y cocidos.

3   Agregar los brotes de soja, la salsa
de pescado, el jugo de limón, el tamarindo
y los fideos y saltear 2 minutos o hasta que
todo esté caliente. Servir de inmediato.

*4 porciones*

El éxito de esta receta
radica en asegurarse
de que el aceite esté bien
caliente antes de freír los
fideos.

# ARROZ FRITO A LA TAILANDESA

2 cucharaditas de aceite
2 cebollas, picadas
4 lonjas de beicon, cortadas en tiras
4 dientes de ajo, cortados en láminas
4 huevos, ligeramente batidos
2 tazas/440 g/14 oz de arroz, cocido
3 cucharadas de jugo de lima
2 cucharadas de salsa de soja liviana
1 cucharada de salsa de pescado tailandesa
(nam pla)
2 jitomates perita, picados
4 chalotes rojos o dorados, picados
3 cucharadas de hojas de cilantro fresco

**1**   Calentar el aceite en un wok o sartén a fuego mediano, añadir las cebollas, el beicon y el ajo y saltear 4 minutos o hasta que las cebollas estén doradas. Retirar del recipiente y reservar.

**2**   Verter los huevos en el wok, hacerlo girar para que se distribuyan y cocinar 1-2 minutos o hasta que coagulen. Retirar esta omelette del wok, enrollarla y cortarla en tiras. Reservar.

**3**   Colocar en el wok el arroz, el jugo de lima y las salsas de soja y pescado y saltear 5 minutos o hasta calentar. Agregar los jitomates, los chalotes y el cilantro, luego incorporar de nuevo la mezcla de cebolla y la omelette y mezclar.

*6 porciones*

El arroz que se consume habitualmente en Tailandia es blanco; el integral se considera inferior.

# ARROZ AL VAPOR EN HOJAS DE PLÁTANO

2 tazas/440 g/14 oz de arroz blanco de grano largo, remojado durante toda la noche
1 taza/250 ml/8 fl oz de crema de coco
4 cuadrados de 30 cm/12 in de hojas de plátano o papel de aluminio
220 g/7 oz de pechugas de pollo deshuesadas, cortadas en tajadas
4 chalotes rojos o dorados, picados
3 chiles rojos frescos, picados
2 cucharadas de jengibre fresco, rallado grueso

**1**   Colar el arroz y, sin sacarlo del colador, enjuagar con agua corriente fría hasta que ésta salga clara. Colocar el arroz en una cacerola y cubrirlo con agua. Tapar la cacerola con una tapa bien ajustada y cocinar a fuego mediano-bajo 20 minutos o hasta que el arroz absorba el agua.

**2**   Pasar el arroz a un bol y desgranarlo con un tenedor. Revolver mientras se añade la crema de coco y dejar reposar 10 minutos.

**3**   Repartir la mitad del arroz entre los cuadrados de hojas de plátano o papel de aluminio y emparejar la altura de las porciones. Distribuir encima el pollo, los chalotes, los chiles y el jengibre. Cubrir con el arroz restante y doblar las hojas o el papel, para cerrar.

**4**   Llenar un wok hasta la mitad con agua caliente y llevar a hervor. Colocar los paquetes en una vaporera de bambú, apoyarla sobre una rejilla ubicada en el wok, tapar y cocinar al vapor 10 minutos.

*4 porciones*

El arroz blanco glutinoso puede ser de grano corto o largo y a veces se lo denomina arroz dulce o pegajoso. Por su elevado contenido de almidón, los granos cocidos resultan blandos y se adhieren entre sí, formando una masa. Para platillos salados, como éste, los cocineros tailandeses eligen la variedad de grano largo, y destinan la de grano corto a los dulces. También existe un arroz glutinoso negro. Para mayor información sobre este arroz, vea la nota de la página 74.

# ARROZ FRITO CON CHILE

*Arroz frito a la tailandesa,*
*Arroz frito con chile*
*Arroz al vapor en hojas de*
*plátano*

2 cucharaditas de aceite
2 chiles rojos frescos, picados
1 cucharada de curry rojo tailandés en pasta
2 cebollas, cortadas en tajadas
1 ¹/₂ taza/330 g/10 ¹/₂ oz de arroz, cocido
125 g/4 oz de ejotes cordón, picados
125 g/4 oz de bok choy baby, blanqueado
3 cucharadas de jugo de lima
2 cucharadas de salsa de pescado tailandesa
(nam pla)

1   Calentar el aceite en un wok o sartén
a fuego fuerte, añadir los chiles y el curry
y saltear 1 minuto. Agregar las cebollas
y saltear 3 minutos o hasta que estén tiernas.

2   Incorporar el arroz, los ejotes y el bok
choy y saltear 4 minutos o hasta que el arroz
esté caliente. Mezclar con el jugo de lima
y la salsa de pescado.

*4 porciones*

Esta receta es un buen
recurso para aprovechar
sobrantes de arroz cocido.

# DULCES

# BRÛLÉE CÍTRICA

1 ³/₄ taza/440 ml/14 fl oz de crema (simple)
³/₄ taza/185 ml/6 fl oz de crema de coco
3 tiras finas de cáscara de naranja,
sin membrana blanca
3 tallos de hierba limón fresca, machacados,
cortados en 3 trozos, o 3 tiras finas de cáscara
de limón, sin membrana blanca
6 yemas
¹/₃ taza/75 g/2 ¹/₂ oz de azúcar
un poco de azúcar de palma o morena

**1**   Colocar la crema, la crema de coco, la
cáscara de naranja y la hierba limón o cáscara
en una cacerola y llevar a hervor. Retirar del
fuego y dejar enfriar un poco.

**2**   Disponer las yemas y el azúcar en un bol
y batir ligeramente hasta que el azúcar se
disuelva y la mezcla resulte liviana. Seguir
batiendo mientras se añade la mitad de la
mezcla de crema, luego verter en la cacerola
e integrar con el resto. Colocar de nuevo
la cacerola sobre fuego suave y cocinar,
revolviendo con cuchara de madera, hasta
que la preparación espese y nape la cuchara.

**3**   Pasar por tamiz fino y repartir en seis
cazuelitas térmicas de ³/₄ taza/185 ml/6 fl oz
de capacidad. Enfriar, luego tapar y refrigerar
12 horas o hasta que tome cuerpo.

**4** Espolvorear cada brûlée con un poco
de azúcar de palma o morena y llevar al grill,
a calor muy fuerte, hasta acaramelar.

*6 porciones*

Páginas anteriores: *Brûlée cítrica,
Budines de tapioca con higos*

En el paso 2 es importante
que la mezcla no hierva,
pues en tal caso se
cortaría.

# BUDÍN DE TAPIOCA CON HIGOS

90 g/3 oz de tapioca
1 cucharada de cardamomo molido
2 hojas de pandánea, en trozos
1 ¹/₂ taza/375 ml/12 fl oz de crema de coco
³/₄ taza/185 g/6 oz de azúcar
de palma o demerara
¹/₄ taza/60 ml/2 fl oz de agua caliente
4 huevos, ligeramente batidos
3 cucharadas de coco en escamas

### HIGOS ACARAMELADOS
4 higos frescos, en mitades
¹/₄ taza/60 g/2 oz de azúcar
de palma o demerara

**1**   Disponer la tapioca, el cardamomo, la
pandánea y la crema de coco en una cacerola
y llevar a hervor. Bajar la llama y cocinar
5 minutos o hasta que la tapioca se hinche
un poco. Retirar la cacerola del fuego
y dejar reposar 5 minutos. Quitar las hojas
de pandánea.

**2**   Colocar el azúcar y el agua en un bol
y mezclar para disolver el azúcar. Agregar la
mezcla de tapioca, mientras se revuelve, luego
añadir los huevos y mezclar.

**3**   Distribuir la preparación en seis moldes
para timbales o cazuelitas térmicas
de 1 taza/250 ml/8 fl oz de capacidad,
ligeramente aceitados. Esparcir encima
el coco en escamas. Colocar los moldes
en una asadera con agua que alcance la mitad
de su altura. Hornear 45 minutos o hasta
que los budines estén firmes. Dejar reposar
10 minutos y desmoldar sin invertir.

**4** Para preparar los higos, espolvorear el lado
cortado de cada uno con un poco de azúcar y
llevar al grill hasta que resulten acaramelados
y calientes. Servir con los budines.

*6 porciones*

Temperatura del horno
160ºC, 325ºF, Gas 3

La pandánea es una
palmera pequeña que
abunda en los jardines
tailandeses. Las hojas se
utilizan en platillos tanto
dulces como salados y son
casi infaltables para la
cocción del arroz. Si no
dispone de higos puede
utilizar otras frutas, como
chabacanos, duraznos,
mangos o nectarinas.

# HOJALDRINAS DE PLÁTANO Y CARDAMOMO

30 g/1 oz de mantequilla
1 cucharadita de cardamomo molido
2 plátanos pequeños (315 g/10 oz), en rodajas
1 cucharada de azúcar de palma o morena
2 cucharaditas de café granulado disuelto
en 2 cucharaditas de agua caliente
315 g/10 oz de masa de hojaldre preparada
aceite para freír
pétalos de rosa (opcional)

## ALMÍBAR QUEMADO DE AGUA DE ROSAS

1 taza/250 g/8 oz de azúcar
1 taza/250 ml/8 fl oz de agua
1 cucharada de agua de rosas

**1**   Para preparar el almíbar, colocar el azúcar y ½ taza/125 ml/4 fl oz de agua en una cacerola y calentar a fuego bajo, revolviendo, hasta que el azúcar se disuelva. Llevar a hervor, luego cocinar a fuego mediano hasta que el almíbar comience a ponerse marrón. Retirar la cacerola del fuego, colocarla dentro de una pileta y agregar, mientras se revuelve con mucho cuidado, el agua restante y el agua de rosas. Colocar de nuevo la cacerola sobre el fuego y cocinar, revolviendo, hasta que el caramelo se derrita y resulte homogéneo. Dejar enfriar.

**2**   Derretir la mantequilla en una sartén a fuego mediano, añadir el cardamomo y los plátanos y cocinar, revolviendo, 1-2 minutos o hasta que se perciba el aroma. Agregar, sin cesar de revolver, la mezcla de azúcar y café y controlar que impregne los plátanos. Cocinar 3-4 minutos más o hasta que la mezcla espese. Retirar del fuego y dejar enfriar.

**3**   Estirar la masa hasta dejarla de 3 mm/⅛ in de espesor y cortar 8 discos con un cortante de 10 cm/4 in. Colocar una cucharada de la preparación de plátanos en el centro de cada disco. Pincelar ligeramente el contorno con agua, doblar la masa sobre el relleno y pellizcar los bordes para hacer el repulgo.

**4**   Calentar abundante aceite en una cacerola grande hasta que un cubo de pan se dore en 50 segundos. Freír 2 hojaldrinas por vez 3-4 minutos o hasta que estén doradas e infladas. Escurrir sobre papel absorbente. Para servir, rociar con el almíbar y adornar con algunos pétalos de rosa (si se usan).

*8 unidades*

Tome precauciones cuando vierta el agua extra y el agua de rosas, porque el almíbar salpicará profusamente. Por su seguridad, aleje la cacerola de su cuerpo, ubíquela dentro de una pileta y use manoplas. El almíbar espesará considerablemente al enfriarse.

*Hojaldrinas de plátano y cardamomo*

*Arroz pegajoso y mangos,*
*Natillas de coco al vapor,*
*Panqueques de coco*

# Arroz pegajoso y mango

2 tazas/440 g/14 oz de arroz blanco glutinoso
de grano corto, remojado toda la noche
1 taza/250 ml/8 fl oz de leche de coco
3 cucharadas de azúcar
6 cucharadas de crema de coco muy espesa
2 mangos, pelados y cortados en tajadas

Este postre también se puede preparar con arroz glutinoso negro, muy popular en Tailandia. Es arroz integral y, aunque el grano es blanco, durante la cocción toma el color del pigmento de la cascarilla y se transforma en una masa pegajosa negra.

**1** Colar el arroz y, sin sacarlo del colador, enjuagar con agua corriente fría hasta que ésta salga clara.

**2** Colocar el arroz en una cacerola y cubrirlo con agua. Tapar la cacerola con una tapa bien ajustada y cocinar a fuego bajo 15-20 minutos o hasta que absorba el agua.

**3** Pasar el arroz a una fuente poco profunda y desgranarlo con un tenedor. Mezclar la leche de coco y el azúcar y agregar, revolviendo, al arroz. Cubrir y dejar en reposo 25 minutos.

**4** Para servir, repartir el arroz en los platos, cubrir con 1 cucharada de crema de coco y acompañar con los mangos.

*6 porciones*

# Natillas de coco al vapor

¹/₂ taza/125 g/4 oz de azúcar
1 ¹/₄ taza/315 ml/10 fl oz de leche de coco
4 huevos, ligeramente batidos
lychees o frutas frescas a elección

**1** Colocar en un recipiente el azúcar, la leche de coco y los huevos y batir para integrar. A través de un tamiz fino verter la mezcla en seis cazuelitas térmicas de ³/₄ taza/185 ml/6 fl oz de capacidad.

**2** Llenar un wok hasta la mitad con agua caliente y llevar a hervor. Colocar las cazuelitas en una vaporera de bambú, apoyarla sobre una rejilla ubicada en el wok, tapar y cocinar al vapor 20-25 minutos o hasta que las natillas estén firmes. Servir con lychees o frutas frescas.

*6 porciones*

# Panqueques de coco

2 tazas/375 g/12 oz de harina de arroz
¹/₂ taza/125 g/4 oz de azúcar
2 ¹/₂ tazas/600 ml/1 pt de leche de coco
3 huevos, ligeramente batidos
1 taza/90 g/3 oz de coco en escamas
azúcar de palma o morena
jugo de lima fresco
tajadas de mango o plátano

Para verter la mezcla en la panquequera resulta práctico utilizar un cucharón de sopa.

**1** Colocar en un bol la harina, el azúcar, la leche de coco y los huevos y batir hasta homogeneizar. Incorporar el coco y mezclar.

**2** Verter una porción de mezcla en una panquequera de 18 cm/7 in, ligeramente aceitada, e inclinarla para que la mezcla cubra la base en una capa fina y pareja. Cocinar 1 minuto o hasta dorar, dar vuelta el panqueque y cocinar 30 segundos del otro lado. Retirar y reservar al calor. Repetir con la mezcla restante. Para servir, espolvorear con azúcar de palma o morena, rociar con jugo de lima y acompañar con tajadas de mango o plátano.

*6 porciones*

# CENA TAILANDESA FÁCIL PARA SEIS

## Lista de Compras

### Carnes, aves y pescados

- [ ] 250 g/8 oz de pechugas de pollo deshuesadas
- [ ] 4 pechugas de pollo deshuesadas
- [ ] 250 g/8 oz de carne tierna de res
- [ ] 500 g/1 lb de carne tierna de res
- [ ] 250 g/8 oz de lomo de cerdo o ternera
- [ ] 500 g/1 lb de carne de cerdo magra
- [ ] 750 g/1 ¹/₂ lb de filetes de pescado blanco firme sin espinas
- [ ] 12 camarones medianos crudos
- [ ] 12 mejillones

### Frutas y verduras

- [ ] hojas de plátano
- [ ] 1 atado/500 g/1 lb de bok choy baby
- [ ] 6 chiles rojos frescos
- [ ] 2 chiles verdes frescos
- [ ] 2 atados grandes de albahaca fresca
- [ ] 2 atados grandes de cilantro fresco
- [ ] 1 atado grande de menta fresca
- [ ] 2 cabezas de ajo
- [ ] jengibre fresco
- [ ] 1 atado de hierba limón fresca o 1 limón fresco
- [ ] 4 limas frescas
- [ ] 14 hojas de lima kaffir
- [ ] 125 g/4 oz de hojas de lechugas surtidas
- [ ] 1 naranja
- [ ] 125 g/4 oz de hongos ostra o abalones
- [ ] 155 g/5 oz de berenjenas chícharo o 1 berenjena grande
- [ ] 10 chalotes rojos o dorados

### Artículos de supermercado

- [ ] 220 g/7 oz de brotes de bambú en lata
- [ ] 1,2 litro/2 pt de leche de coco
- [ ] 500 ml/16 fl oz de crema de coco
- [ ] 500 ml/16 fl oz de crema (simple)
- [ ] 90 g/3 oz de cacahuates tostados
- [ ] 2 litros/3 ¹/₂ pt de caldo de pollo o de verduras

## Control de la despensa

- [ ] pimienta negra en grano
- [ ] azúcar
- [ ] 8 huevos
- [ ] arroz jazmín
- [ ] azúcar de palma o morena
- [ ] pasta de camarones
- [ ] salsa de soja
- [ ] salsa de soja liviana
- [ ] salsa de pescado tailandesa (nam pla)
- [ ] curry rojo tailandés en pasta
- [ ] aceite

## Plan de trabajo

### EL DÍA ANTERIOR

- ◆ **Brûlée:** preparar hasta el paso 3 inclusive.
- ◆ **Satay:** preparar la salsa. Guardar en el refrigerador.

### 3 HORAS ANTES DE SERVIR

- ◆ **Satay:** ensartar la carne en las brochetas. Bañarlas con la marinada. Cubrir. Guardar en el refrigerador.
- ◆ **Sopa:** preparar los ingredientes. Cubrir. Guardar en el refrigerador.
- ◆ **Ensalada:** cocinar el pollo. Enfriar. Cortar en tajadas. Guardar en el refrigerador. Disponer las hierbas y las hojas de lechuga en la fuente. Cubrir. Guardar en el refrigerador. Preparar el aderezo.
- ◆ **Cerdo con ajo y pimienta:** preparar los ingredientes. Cubrir. Guardar en el refrigerador.
- ◆ **Curry:** preparar los ingredientes. Cubrir. Guardar en el refrigerador.
- ◆ **Mousse:** preparar los cuencos

de hojas de plátano. Guardar en el refrigerador. Preparar la mousse como se indica en el paso 2 de la receta. Reservar.

### 45-30 MINUTOS ANTES DE SERVIR:

- ◆ **Curry:** iniciar la cocción.
- ◆ **Ensalada:** completar la preparación, pero no aderezar.
- ◆ **Salsa satay:** sacar del refrigerador
- ◆ **Brûlée:** espolvorear con azúcar. Acaramelar en el grill.

### TERMINACIÓN

- ◆ **Satay:** escurrir las brochetas. Cocinar. Recalentar la salsa.
- ◆ **Mousse:** verter la mezcla de coco en los cuencos de plátano. Cocinar al vapor.
- ◆ **Sopa:** preparar la sopa.
- ◆ **Arroz:** cocinar. Recordar que debe servirse muy caliente.
- ◆ **Ensalada:** rociar con el aderezo.
- ◆ **Cerdo con ajo y pimienta:** cocinar.

*En el sentido de las agujas del reloj desde arriba: Mousse de pescado al vapor, Arroz jazmín al vapor, Curry rojo de carne, Cerdo con ajo y pimienta, Ensalada de pollo con albahaca*

# GLOSARIO

**HOJAS DE PLÁTANO:** antes de utilizar las hojas de plátano frescas para envolver comidas hay que ablandarlas. Esto se puede hacer: pasando las hojas sobre la llama del gas hasta que se ablanden; blanqueándolas en agua hirviendo 20-30 segundos; o calentándolas en el microondas en MÁXIMO (100%) 45-60 segundos o hasta que estén blandas. Sacar la nervadura gruesa del centro antes de usarlas, o será difícil envolver los alimentos.

**ALBAHACA:** los cocineros tailandeses utilizan tres tipos de albahaca en la cocina: la albahaca asiática dulce, conocida en Tailandia como horapa, se usa al final de la cocción para dar una fragancia aromática a la comida. La albahaca santa, conocida como kaprao, se usa en los platillos con sabores muy intensos y se cocina con ella para impregnarles su sabor. La albahaca limón, conocida como manglak, tiene un perfume a limón, como su nombre sugiere. Se usa principalmente en sopas y esparcida sobre ensaladas. Se puede utilizar la albahaca común en reemplazo de cualquiera de las anteriores. En este libro, las recetas no especifican el tipo de albahaca que se debe utilizar, pero para obtener un verdadero sabor tailandés utilice la albahaca adecuada a partir de lo antedicho.

**MELÓN AMARGO:** este melón parecido al pepino tiene una cáscara con protuberancias y un sabor amargo, como su nombre indica. Para usarlo, pelar, sacar las semillas y cortar en cubos o tajadas finas, luego curar cubriéndolo con sal y dejando en reposo 1 hora. Enjuagar con agua fría y escurrir bien. La cura disminuye el amargor, pero para reducirla más el melón se puede blanquear unos minutos en agua hirviente.

**LECHE/CREMA DE COCO:** la leche y la crema de coco son esencialmente el mismo producto, la crema de coco es leche de coco muy espesa y es el resultado del primer prensado de la pulpa del coco. La leche de coco se puede comprar en varias presentaciones: en lata, de larga duración en envases de cartón, o en polvo para preparar con agua. Una vez abierta tiene una vida corta y se debe usar durante el día.

Se puede preparar leche de coco usando coco desecado y agua. Para preparar leche de coco colocar 500 g/1 lb de coco seco en un recipiente y verter 3 tazas/750 ml/1 $\frac{1}{4}$ pt de agua hirviendo. Dejar en reposo 30 minutos, luego escurrir, prensando el coco para extraer la mayor cantidad de líquido que sea posible.
Con esto se obtiene una leche de coco espesa, o lo que se llama en este libro crema de coco. El coco se puede utilizar de nuevo para preparar una leche menos espesa, mencionada en este libro como leche de coco.

**VINAGRE DE COCO:** se prepara con la savia del cocotero, se puede conseguir en las tiendas de comidas orientales. Si no se consigue se puede utilizar cualquier vinagre suave.

**CORIANDRO:** las hojas, semillas y raíces de esta planta se usan en la cocina tailandesa. Se la considera esencial, y casi todos los platillos tailandeses están decorados con hojas de cilantro fresco. Las tres partes de la planta tienen sabores bien definidos y diferentes, y no se pueden sustituir unas por otras. Las hojas se conocen como cilantro.

## CURRIES EN PASTA

Los curries en pasta se pueden conseguir en los supermercados y en las tiendas de comidas orientales. Los curries en pasta caseros son fáciles de preparar y se conservan una semana si se guardan en el refrigerador dentro de recipientes herméticos.

**Curry verde tailandés:** picar 6 cebollas de rabo, 8 chiles verdes frescos, 4 dientes de ajo y 2 tallos de hierba limón fresca. Calentar 1 cucharada de aceite en una sartén a fuego mediano. Agregar las cebollas de rabo, los chiles, la hierba limón y el ajo. Cocinar revolviendo 3 minutos o hasta que esté tierno. Enfriar un poco. Colocar en una procesadora o licuadora la mezcla de ajo, 1 cucharada de cáscara de lima finamente rallada, 2 cucharaditas de jugo de lima, 2 cucharadas de cilantro picado, 1 cucharada de coriandro molido, 2 cucharaditas de comino molido, 1 cucharadita de cúrcuma, 2 cucharadas de azúcar morena y 1 cucharadita de pasta de camarones (opcional). Procesar hasta obtener una pasta homogénea. Calentar 2 cucharadas de aceite en una sartén a fuego mediano, agregar la pasta y cocinar revolviendo constantemente 5 minutos o hasta que la pasta se espese.
Rendimiento: 1 taza/250 ml/8 fl oz

**Curry rojo tailandés:** picar 8 chiles rojos pequeños, 6 cebollas de rabo, 6 dientes de ajo y 2 tallos de hierba limón fresca. Calentar 3 cucharadas de aceite en una sartén a fuego mediano. Agregar los chiles, las cebollas de rabo, el ajo, la hierba limón y 1 cucharadita de alcaravea. Cocinar revolviendo 3 minutos o hasta que se dore. Enfriar ligeramente. Colocar en una procesadora o una licuadora la mezcla de cebolla, 2 cucharadas de coriandro molido, 2 cucharadas de galanga fresca finamente rallada (opcional), 2 cucharaditas de salsa de pescado tailandesa (nam pla), 2 cucharaditas de jugo de lima, 2 cucharaditas cáscara de lima finamente rallada y 1 cucharadita de pasta de camarones. Cortar en juliana 6 hojas de lima kaffir y agregar en la procesadora. Procesar para preparar una pasta homogénea. Calentar 2 cucharadas de aceite en una sartén a fuego mediano. Agregar la pasta. Cocinar revolviendo 5 minutos o hasta que la pasta espese. Rendimiento: 1 taza/250 ml/8 fl oz

**CAMARONES SECOS:** estos se pueden comprar enteros o desmenuzados y envasados en paquetes plásticos en las tiendas de comidas orientales. Si se guardan en el refrigerador pueden durar varios meses. Elija camarones de color salmón rosado y un poco tiernos, se deben evitar los que estén muy duros o tengan olor a amoníaco.

**GALANGA:** esta especia pertenece a la misma familia que el jengibre. En la cocina tailandesa generalmente se usa una galanga más grande. Donde otras cocinas asiáticas usarían jengibre, el cocinero tailandés utiliza la galanga. Se puede comprar fresca o embotellada en salmuera, la galanga envasada es más tierna y no tan fibrosa como la fresca, por lo que es un poco más fácil de utilizar. La galanga embotellada durará meses en el refrigerador. Si no se consigue se puede utilizar jengibre en su lugar, pero le dará un sabor diferente al platillo terminado.

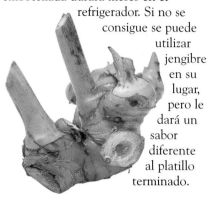

**LIMA KAFFIR:** en la cocina tailandesa se utilizan los frutos y las hojas de este árbol cítrico. Ambos tienen un sabor y un perfume particulares. Las hojas se pueden conseguir secas, congeladas, o frescas en las tiendas de comidas orientales y en algunas verdulerías. Si no puede conseguir hojas de lima kaffir puede utilizar un poco de cáscara de lima finamente rallada en su lugar. El fruto es verde muy oscuro y con la cáscara gruesa, protuberante y arrugada. En este libro no hemos especificado el uso de lima kaffir en lugar de jugo de lima, pero para obtener un auténtico sabor tailandés úselas siempre que sea posible.

**HIERBA LIMÓN:** la hierba limón fresca se puede conseguir en las tiendas de alimentos orientales y en algunos supermercados y verdulerías. También se puede conseguir seca: si utiliza hierba limón seca, antes de emplearla remójela en agua caliente 20 minutos o hasta que se ablande. La hierba limón se puede comprar envasada en los supermercados, utilícela del mismo modo que la hierba limón fresca. También se presenta en forma de polvo, llamado sereh, que tiene un sabor intenso y se debe usar con discreción. Si no se consigue se puede usar toronjil, yerbaluisa, o cáscara de limón como sustitutos.

**PAPEL DE ARROZ ORIENTAL:** se prepara con una pasta de arroz molido y agua que luego se prensa, se le da forma redondeada y se deja secar. Cuando se humedecen, las quebradizas hojas se hacen flexibles. Se utilizan para preparar delicadezas como los Rollos de verduras con hierbas de la página 8. Se venden en paquetes sellados y se pueden comprar en las tiendas de comidas orientales. El papel de arroz oriental no se debe confundir con el papel de arroz fino y similar al barquillo que se usa para confitería.

**AZÚCAR DE PALMA:** ésta es un azúcar aromática que se extrae de la savia de varias palmeras. El azúcar de palma que se usa en Tailandia es más liviana y refinada que la que se usa en otros lugares de Asia. Se puede conseguir en las tiendas de comidas orientales.

**BERENJENAS CHÍCHARO:** estas diminutas berenjenas tienen el tamaño de un guisante y usualmente se compran unidas al sarmiento. Se utilizan enteras, se pueden comer crudas o cocidas y tienen un sabor amargo. Si no se consiguen se pueden utilizar chícharos en su lugar.

## ARROZ

El arroz es el platillo principal de cualquier comida tailandesa y los otros platillos se consideran entremeses.

**Arroz jazmín:** para una auténtica comida tailandesa sirva arroz jazmín al vapor, cocido sin sal. El arroz jazmín también se denomina arroz tailandés perfumado y como su nombre lo indica tiene una delicada fragancia.

**Arroz blanco glutinoso:** este arroz puede ser de grano corto o largo y a veces se lo denomina arroz dulce o pegajoso. Para preparar platillos salados, el cocinero tailandés utiliza la variedad de grano largo. El arroz glutinoso tiene un alto contenido de almidón, los granos cocidos forman una masa suave y pegajosa. El arroz blanco glutinoso de grano corto se utiliza principalmente para postres.

**CHALOTES:** los chalotes utilizados en este libro son una pequeña cebolla dorada, roja o púrpura. Tienen 2,5-5 cm/1-2 in de largo y un sabor más intenso que las cebollas más grandes. Los chalotes dorados son más dulces que los rojos o púrpuras. Los chalotes que se emplean en la cocina asiática son similares a las échalotes francesas, que se pueden utilizar si no se consiguen los asiáticos. Los chalotes crudos finamente rebanados son una buena guarnición para las ensaladas, o se pueden freír lentamente hasta que queden crujientes y dorados para preparar una guarnición exótica.

**PASTA DE CAMARONES:** este ingrediente picante se puede conseguir en las tiendas de comidas orientales y algunos supermercados. Se prepara machacando camarones salados secos hasta formar una pasta. No se moleste por el olor de esta pasta ya que desaparece cuando se cocina con los demás ingredientes. Se puede conseguir fresca o seca. Si utiliza pasta de camarones seca en lugar de fresca use la mitad. Si no se consigue se puede utilizar la pasta de anchoas en su lugar, aunque la mitad de la cantidad. En este libro se usa pasta de camarones fresca.

**EJOTES CORDÓN:** como sugiere su nombre estos son ejotes verdes finos muy largos. Se los conoce con una variedad de nombres, incluyendo ejotes espárrago, ejotes guisante, ejotes vaca o ejotes chinos, y las semillas secas son las que se convierten en frijoles de ojos negros. Si no se consiguen se pueden utilizar ejotes comunes.

**TAMARINDO:** ésta es una vaina grande del tamarindo o datilero hindú. Después de recogerla se le quitan las semillas, se pela y se prensa para obtener una pulpa marrón oscura. Para usar, remojar la pulpa en agua, luego escurrir y usar como indica la receta. La solución acostumbrada es tres partes de agua por una parte de tamarindo. También se puede conseguir un tamarindo concentrado, si se utiliza se debe diluir con el doble de cantidad de agua que se usa para diluir la pulpa. El tamarindo se puede conseguir en las tiendas de comidas hindúes. Si no se consigue, use una mezcla de jugo de lima o de limón y melaza en su lugar.

# ÍNDICE

81